W0024872

Frag doch mal ... die Maus!

Daniela Nase

FRAG doch mal …

Die meistgestellten Fragen an die Maus

Mit Illustrationen von
Antje von Stemm

cbj ist der Kinder- und Jugendbuchverlag
in der Verlagsgruppe Random House

Umwelthinweis:
Dieses Buch wurde auf chlorfrei gebleichtem
Papier gedruckt.

Gesetzt nach den Regeln der Rechtschreibreform

1. Auflage 2005

Innenillustrationen: Antje von Stemm
vermittelt durch die Agentur Susanne Koppe, Hamburg
Umschlagkonzeption: schwecke.mueller Werbeagentur GmbH, München
Ku · Herstellung: WM
Layout und Satz: Sabine Hüttenkofer, München
Reproduktion: Lorenz & Zeller, Inning a. A.
Druck: Mohn Media, Gütersloh
ISBN-10: 3-570-13094-0
ISBN-13: 978-3-570-13094-0
Printed in Germany

www.cbj-verlag.de

Inhalt

Vorwort

Warum ist der Himmel blau? Wie kommen die Löcher in den Käse? Wer hat die Buchstaben erfunden? – Generationen von Kindern haben in den Lach- und Sachgeschichten der »Sendung mit der Maus« Antworten auf diese und viele andere Fragen gefunden. Und nicht nur die Kinder, auch viele Erwachsene schauen gebannt zu, wenn in der »Maus« die Welt erklärt wird.

Ich freue mich sehr, dass das »Maus«-Team nun erstmals die meistgestellten Kinderfragen im Rahmen einer großen Aktion beantwortet hat. Neugier ist bekanntlich der Anfang von allem – und die Neugier bei Kindern zu fördern, ihre Fragen ernst zu nehmen, ihnen Spaß an der Suche nach Antworten zu vermitteln, ist das Ziel der bundesweiten Aktion »Frag doch mal ...«, aus der dieses Buch hervorgegangen ist.

In jedem Kind steckt Zukunft. Wir müssen dafür sorgen, dass Mädchen und Jungen ihren Wissensdrang ausleben können, wir müssen ein Umfeld schaffen, das ihre natürliche Neugierde fördert und selbstständiges Lernen unterstützt. Wie schaffen wir das? Das ist meine Frage an Eltern, Schule, Politik, Medien, die ganze Gesellschaft. Ich bin sicher, dass wir zusammen eine Antwort finden können.

Horst Köhler

Bundespräsident Horst Köhler
Schirmherr der Aktion »Frag doch mal ...«

1. Warum ist der Himmel blau?

Das war die mit Abstand meistgestellte Frage. Und das ist eigentlich auch nicht weiter verwunderlich, denn diese Frage beschäftigt die Menschheit und vor allem die Wissenschaftler schon ziemlich lange. Die erste gute Idee dazu hatte Aristoteles vor zirka 2350 Jahren. Newton half der Erklärung vor über 330 Jahren gewaltig auf die Sprünge. Und dann dauerte es noch mal knapp 200 Jahre, bis das Rätsel weitgehend geklärt werden konnte. Das hat ein gewisser Herr Rayleigh erledigt. Aber dazu später. Die Sache scheint wirklich nicht ganz leicht zu sein – kein Wunder, dass so viele von euch nachgefragt haben.

Um der Lösung näher zu kommen, braucht man
drei Dinge:

- einen Blick in den Himmel bei Tag
- einen Blick in den Himmel bei Nacht
- und einen Blick aus einem Raumschiff auf das Weltall und die Erde.

Bei Tag und bei Nacht in den Himmel gucken kann jeder. Und der Unterschied ist klar: Am Tag ist der Himmel blau und in der Nacht ist er schwarz.

In der Nacht fehlt folglich etwas ganz Entscheidendes: die Sonne und damit ihr Licht. Für einen blauen Himmel braucht man also erstens: Sonnenlicht. Darauf ist auch schon Aristoteles gekommen.

Die Sache mit dem Raumschiff ist schon schwieriger. Weil wir leider nicht mitfliegen konnten, gibt's hier ein Foto.

So sieht das Weltall aus: schwarz, trotz des Sonnenlichts. Wenn man sich die Erde aber genau anguckt, sieht man um sie herum einen schmalen, blauen Ring. Das ist die Atmosphäre. So heißt die Luft, die sich um die Erde herum befindet. Also: luftleerer Raum ist schwarz. Für einen blauen Himmel braucht man daher zweitens:

Luft.

→ Licht und Luft zusammen machen die Farbe des Himmels.

Guckt man so in der Nähe durch die Luft, dann ist sie trotz des Sonnenlichts aber gar nicht blau, sondern durchsichtig. Erst wenn man wirklich in den Himmel guckt, also weit weg, dann erscheint er blau.
Und wie das kommt, dafür ist jetzt ein kleiner Ausflug nötig – zu den Teilchen. Luft ist nämlich keineswegs nichts, sondern besteht aus ganz vielen kleinen Teilchen. Die kann man zwar nicht sehen, sie sind aber trotzdem da. Die wichtigsten beiden Teilchen heißen **Stickstoff** und **Sauerstoff.** Das Licht der Sonne trifft in der Atmosphäre auf diese Luftteilchen.

Licht stellen sich Wissenschaftler manchmal wie Wellen vor. Nach diesem Modell sendet die Sonne also Lichtwellen aus. Die sind eigentlich gar nicht weiß, sondern bestehen aus ganz vielen Farben. Das hat als Erster Newton gezeigt. Und zwar mit einem Prisma.

Trifft ein Lichtstrahl auf das Prisma, so spaltet es das Licht in seine einzelnen Farben auf: Rot, Orange, Gelb, Grün, Blau und Violett. Jede dieser Farben hat eine andere Wellenlänge.

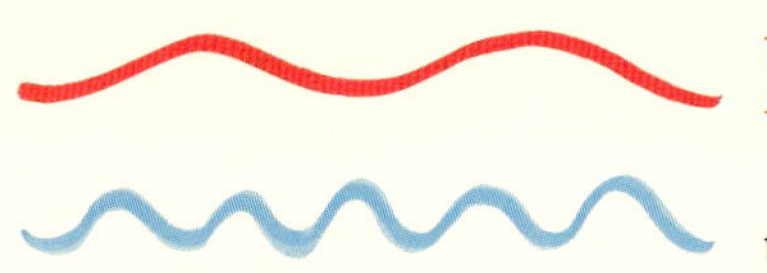

Rot ist zum Beispiel langwellig
und Blau kurzwellig.

Wenn die Lichtwellen auf ein Luftteilchen treffen, dann prallen sie davon ab und zerstreuen sich in alle Richtungen. Dieses gestreute Licht können wir sehen. Weil es dann nämlich in unser Auge fällt.

Da wir nur das gestreute Licht sehen können, ist nach dem Ausflug zu den Teilchen auch klar, warum Luft in der Nähe durchsichtig erscheint. Auf der kurzen Strecke treffen einfach zu wenig Wellen auf die Teilchen und dadurch wird zu wenig Licht gestreut.

Guckt man aber in den Himmel, also weit weg, dann kann man das Ergebnis ganz vieler Zusammenstöße von Licht und Luftteilchen sehen: den blauen Himmel – die gestreuten blauen Lichtwellen.

Aber warum blau, und nicht rot oder gelb oder grün?

Dafür machen wir noch einen Ausflug – diesmal in die Küche: Man nimmt eine flache Schale, legt einen halben Apfel hinein und füllt so viel Wasser in die Schale, bis nur noch der obere Teil des Apfels aus dem Wasser ragt. Nun heißt es abwarten, bis sich das Wasser ganz beruhigt hat. Lässt man dann eine Rosine in die Schale fallen, bilden sich viele kleine Wellen. Die sollen das

kurzwellige, blaue Licht sein. Stoßen die kleinen Wellen auf den Apfel, dann prallen sie ab und werden in alle Richtungen gestreut. Genau das passiert den blauen Lichtwellen, wenn sie auf ein Luftteilchen treffen. Drückt man mit der flachen Hand einmal fest ins Wasser, dann bilden sich große Wellen. Wie beim roten, langwelligen Licht. Die großen Wellen schwappen über den Apfel in der Schale einfach drüber und werden nicht zerstreut. Und genauso geht es dem roten Licht. Es wird mit seinen langen Wellen viel weniger von den Luftteilchen gestreut.

Das blaue Licht wird also viel mehr gestreut als das rote Licht. Ungefähr zehnmal so oft. Und da wir nur gestreutes Licht sehen und blau am meisten gestreut wird, sehen wir den Himmel blau.

Die Idee mit der Streuung hatte **Herr Rayleigh** und damit wären wir eigentlich am Ende, wenn –, ja wenn nicht der Himmel abends rot wäre – und nicht blau. Aber das ist schnell erklärt.

Man muss sich nämlich überlegen, wo die Sonne und wo der Betrachter steht. Mittags, wenn der Himmel blau ist, steht die Sonne senkrecht über uns. Der Weg des Lichtes durch die Atmosphäre ist kürzer als abends, wenn die Sonne tief über dem Horizont steht. Entscheidend für die Farbe des Himmels ist **nur** die Wegstrecke des Lichts durch die Atmosphäre.

!

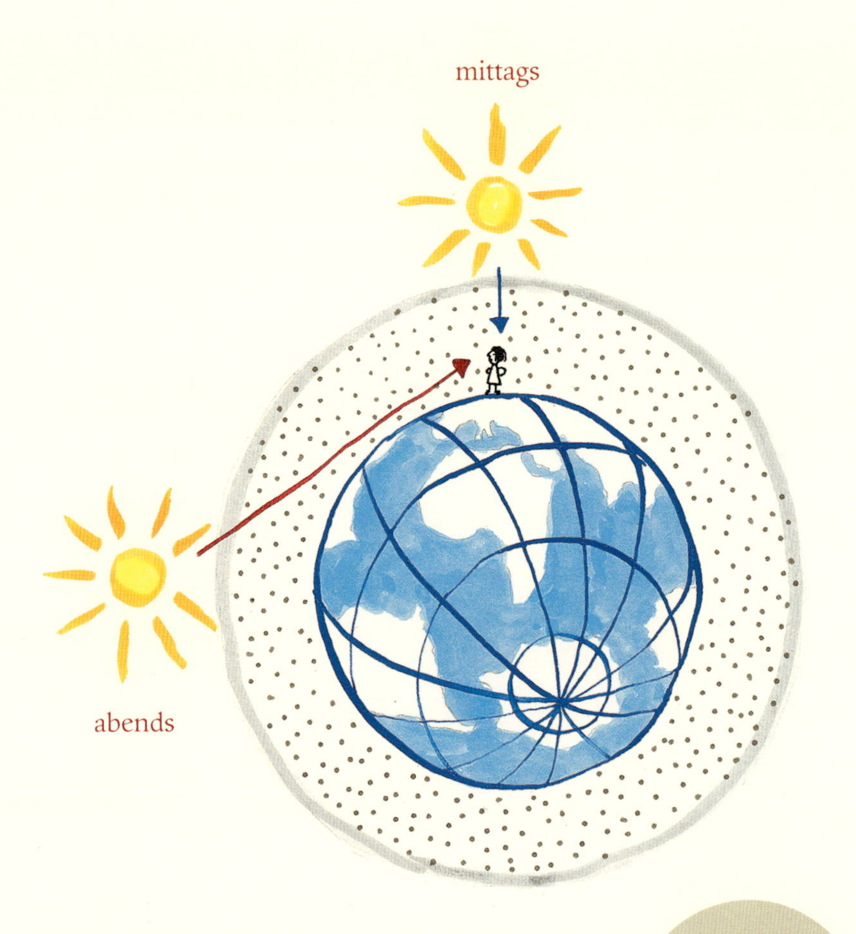

Ist der Weg durch die Atmosphäre lang, dann stoßen die Lichtwellen auf mehr Luftteilchen als bei einem kürzeren Weg. Mehr Luft – mehr Teilchen. Klar. Das blaue Licht trifft auf der langen Strecke so oft auf die Luftteilchen, dass es fast ganz seitwärts herausgestreut ist, bevor es unser Auge trifft. Jetzt hat das langwellige rote Licht endlich eine Chance. Es wird weniger gestreut und kommt weiter. So weit, dass wir es abends sehen können – als Abendrot, statt Himmelblau.

Über 30 Jahre alt ist die orange Maus nun schon. Ein Alter, das Mäuse sonst gar nicht erreichen. Aber diese Maus ist ja auch keine normale Maus, sondern eine ganz besondere. Und ehrlich gesagt, sie ist genauso jung und fit wie am ersten Tag.

Ihren ersten großen Fernsehauftritt hatte die Maus im März 1971. Damals startete eine neue Sendung des Westdeutschen Rundfunks, die **»Lach- und Sachgeschichten«.** In der Bildergeschichte **»Die Maus im Laden«** von Isolde Schmitt-Menzel war die Maus zum ersten Mal mit dabei.

Die selbstbewusste und lustige Maus gefiel den Fernsehmachern vom WDR. Isolde Schmitt-Menzel wurde beauftragt, sich kleine Geschichten zu dieser Figur auszudenken und Friedrich Streich hat daraus dann Zeichentrickfilme gemacht. Zeichentrickfilme sind ganz schnell bewegte Bilder. Die gezeichnete Maus konnte sich dank der Filme also auch bewegen.

Weil die Zuschauer sowieso immer nur über die Sendung mit der Maus sprachen, wurden die »Lach- und Sachgeschichten« umbenannt. Im Januar 1972 – also nur zehn Monate nach Sendestart der »Lach- und Sachgeschichten« – gab es die erste **»Sendung mit der Maus«.** Und so heißt die Sendung auch heute noch. Dies ist die Geschichte, wie die Maus ins Fernsehen kam.
Viele von euch haben sich aber sicher schon einmal gefragt: ***»Warum ist die Maus eigentlich orange?«***

Diese fröhliche Farbe sagt viel über ihren Charakter aus, denn sie ist ja alles andere als eine einfache graue Feldmaus: Wenn sie hoch hinaus möchte, kann sie ihre Beine ausfahren. Mit ein bisschen Schwung läuft sie über Zimmerdecke und Wände. Und manchmal nervt sie ein scheppernder Wecker hinter einer Klappe in ihrem Bauch.
Alles ungewöhnliche Lösungen für die Aufgaben, die sich in ihrer Welt stellen. Stolpert sie in einer dunklen Nacht über einen

unebenen Weg, dann poliert sie kurzerhand die Mondsichel, bis der Vollmond den Weg in silbernes Licht taucht, oder sie ersetzt eine gerissene Gitarrensaite schlicht und einfach durch ihren Schwanz.

In dieser Welt sind die Gesetze der Natur aufgehoben und so kann es dort auch zu für uns unglaublichen Erscheinungen wie einer orangen Maus kommen. Wen wundert es da, dass ihr im Jahr 1975 ein blauer Elefant über den Weg lief, der zwar viel kleiner, dafür aber ganz stark ist. Erfunden hat ihn, genauso wie die Ente, Friedrich Streich. Die Freunde der Maus sind ebenso ungewöhnlich und einzigartig wie sie selbst: Der stets hilfsbereite kleine blaue Elefant und eine freche gelbe Ente haben die Welt der Maus noch bunter gemacht und passen nicht nur optisch bestens zu ihr.

Als der Elefant vor 30 Jahren zur Maus kam, stand eigentlich von Anfang an fest, dass es ein blauer Elefant werden sollte. Der kleinste blaue Elefant der Welt.
Er kam in die Welt einer fröhlichen, orangen Maus und nichts passt farblich besser zu Orange als Blau. Die Farben bilden einen Kontrast, aber einen, der als angenehm

empfunden wird. Das aktive Orange der Maus wird durch das ruhige Blau des Elefanten ideal ergänzt. Die Farben sind natürlich auch Ausdruck der Charaktere von Maus und Elefant. Die aktive Maus mit ihren schnellen Schritten ist orange. Der ruhige, etwas verschlafene Elefant hat die Farbe bekommen, die beruhigend wirkt: Blau. Aber nur wer ruhig und gelassen ist, kann der Maus auch immer wieder aus der Patsche helfen.

Blau ist aber auch eine fröhliche Farbe und passt gut zum fröhlichen Trompeten des kleinen Elefanten. Und weil die Welt von Maus, Ente und Elefant eine Fantasiewelt ist, kann jeder genau die Farbe haben, die am besten zu ihm passt. Langweilig grau ist keiner der drei.

3. Wie kommt der Regenbogen an den Himmel?

Für einen schönen Regenbogen braucht man drei Zutaten: **Sonnenlicht, Regentropfen** und **gute Augen.** Nehmen wir einmal an, dass die Augen in diesem Fall Carolin gehören. Es könnten aber genauso gut die von Philipp, Marie oder Jan sein.

Um den Regenbogen zu sehen, muss Carolin immer genau zwischen Sonne und Regen stehen, und zwar mit dem Rücken zur Sonne. Also so:

Und genau wie beim blauen Himmel muss mit dem Sonnenlicht im Regentropfen nun etwas passieren, damit Carolin einen Regenbogen sehen kann. Weil der Regenbogen bunt ist, ahnen manche von euch vielleicht schon, was jetzt zum Einsatz kommt: Genau, das Prisma.
Weil das, was im Regentropfen passiert, genau dem entspricht, was ein Prisma mit dem Licht macht, sehen wir uns als Erstes das Prisma etwas genauer an.

Das kann jeder zu Hause nachmachen. Man braucht nur eine Taschenlampe und einen Kristall. Der Kristall ist das Prisma.

Ein Prisma ist immer **lichtdurchlässig,** wie der Kristall. Er ist fest, anders als die Luft, die gasförmig ist. Das ist wichtig, denn wenn zum Beispiel das weiße Licht von gasförmiger Luft in einen festen Kristall wechselt, dann wird es in seine verschiedenen Farben zerlegt. Die Farben kennt ihr schon, es sind **Rot, Orange, Gelb, Grün, Blau und Violett.** Dass weißes Licht in seine einzelnen Farben zerlegt wird, kommt daher, dass die verschiedenen Farben beim Übergang von Luft zum Kristall ihre Lichtgeschwindigkeiten unterschiedlich verändern. Das heißt, Blau hat eine andere Lichtgeschwindigkeit als zum Beispiel Rot. Dadurch wird das Licht unterschiedlich stark **gebrochen.** Die einzelnen Farben, aus denen das weiße Licht zusammengesetzt ist, werden sichtbar. Es sind die Farben des Regenbogens – immer in der gleichen Reihenfolge. So, die verschiedenen Farben hätten wir also schon. Jetzt müssen sie nur noch in den Himmel.

Der Himmel hängt natürlich nicht voller Kristalle. Aber manchmal voller Regen. Ein Regentropfen erfüllt alle Ansprüche eines guten Prismas: Er ist durchsichtig und besteht aus einem anderen Medium als Luft. Regentropfen sind aus Wasser, also flüssig. Das Sonnenlicht wechselt von der gasförmigen Luft in den flüssigen Wassertropfen und wird dabei gebrochen. Genau wie bei unserem Versuch mit dem Kristall. Es entstehen die bekannten sechs Farben. In einem Regentropfen wird das Licht – anders als beim Kristall – **reflektiert.** Das heißt, es wird am hinteren Ende des Regentropfens zurückgeworfen und tritt deshalb wieder nach vorne aus.

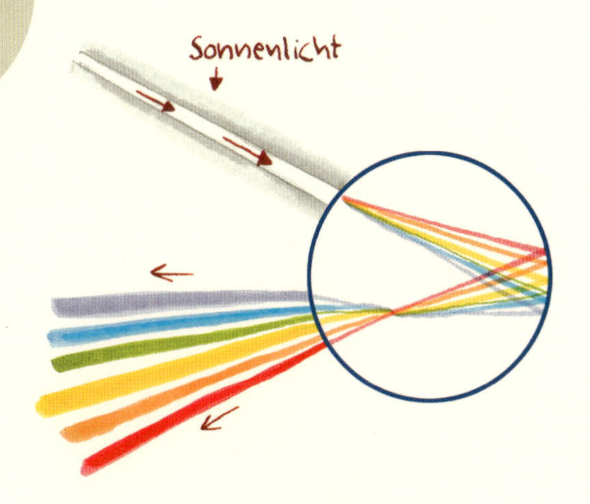

Das Sonnenlicht trifft also auf den Regentropfen, wird dort in seine Grundfarben zerlegt und so reflektiert, dass es nun genau in die Augen von Carolin trifft.
Carolin sieht das Bild eines Regenbogens.
Aber oft, wenn die Sonne scheint und es nicht weit entfernt regnet, kann Carolin keinen Regenbogen sehen. Woran das liegt, kann man wieder gut zu Hause ausprobieren.

Ihr braucht dazu ein möglichst rundes Glas, das mit Wasser gefüllt ist, und eine Taschenlampe. Legt die Taschenlampe ungefähr auf Oberarmhöhe waagerecht ab, schaltet sie an und verdunkelt das Zimmer. Nun stellt ihr euch mit dem Rücken zur Taschenlampe und nehmt das Glas in die linke Hand.

Mit dem Arm geht ihr jetzt so lange langsam nach links, bis ihr einen roten Fleck am rechten Glasrand entdeckt.

Das ist das Rot des Regenbogens. Führt ihr das Glas weiter im Kreis, dann entstehen nacheinander auch die anderen Farben des Regenbogens. Jede Farbe tritt also in einem anderen Winkel aus dem Glas aus und trifft dann auf das Auge. Würde man sechs Gläser aufstellen, dann könnte man den ganzen Regenbogen im Zimmer sehen. Wichtig daran ist, dass ihr gesehen habt, dass das Licht immer in einem bestimmten Winkel auf das Glas fallen muss, damit man eine Farbe sehen kann.

Das Sonnenlicht trifft aber manchmal **zu steil** auf die Regentropfen. Dann entsteht **kein Regenbogen** im Auge des Betrachters. Es gibt also oft keinen Regenbogen, obwohl die Sonne scheint und es gleichzeitig regnet.

Gegen Abend steht die Sonne **tiefer,** dann treffen ihre Strahlen die Regentropfen so, dass man einen **Regenbogen** sehen kann.

Da der Regenbogen nur gebrochenes und gespiegeltes Licht, also ein Bild, ist, kann man ihn natürlich auch nicht anfassen oder jemals an sein Ende kommen. Geht man zu weit, um es zu versuchen, verschwindet er einfach. Die Lichtstrahlen treffen nicht mehr die Augen.

Deshalb ändert der Regenbogen auch nie seine Form. Er bleibt rund. Man kann nicht so weit an seinen Rand gehen, dass er oval würde. Vorher verschwindet er einfach.

Regentropfen fallen vom Himmel auf den Boden, und mancher hat sich vielleicht schon gefragt, ***warum dann nicht auch der Regenbogen mit auf den Boden fällt.*** Verfolgen wir dafür mal kurz einen Regentropfen: Er beginnt zu fallen, und an einem bestimmten Punkt

spiegelt er das Licht so, dass wir eine Farbe sehen können. Wie bei dem Versuch mit dem Glas und der Taschenlampe. Und wenn er weiter fällt, dann sehen wir die Reflexion nicht mehr. Die Farbe ist also nur sichtbar, wenn sich der Tropfen an einer **bestimmten Stelle** des Himmels befindet. Bewegt er sich weiter Richtung Erde, ist sie weg.

Aber wenn der Tropfen weg ist, müsste der Regenbogen dann nicht auch verschwinden? Nicht ganz, denn dort, wo ein Tropfen verschwunden ist, wird er sofort durch den nächsten ersetzt. Und weil es so viele Tropfen sind, die schnell hintereinander Richtung Erde fallen, bleibt der Regenbogen für unser Auge am Himmel stehen.

Bis es aufhört zu regnen oder die Sonne weiterwandert – dann verschwindet auch der Regenbogen.

4. Wie kommt das Bild in den Fernseher?

Obwohl so ein Fernseher ein großer Kasten ist – eins ist sicher: Alle Menschen, die sich auf dem Bildschirm tummeln, können unmöglich in diesem Gerät stecken. Dafür ist es viel zu klein.

Um herauszufinden, wie das Bild in den Fernseher kommt, nützt es deshalb nichts, am Gerät herumzuschrauben. Da ist keiner drin. Besser man geht in ein Fernsehstudio, zum Beispiel ins Mausstudio. Dort gibt es Räume ohne Fenster, die von ganz vielen Scheinwerfern erhellt werden. Im Studio ist auch ein Moderator, der macht die Mausansage. In diesem Fall ist das Ralph. Ganz wichtig: Ein Kameramann mit seiner Kamera ist natürlich auch dabei. Und hier fängt die Geschichte mit dem Bild im Fernseher an.

Ralph erzählt gerade, was euch heute in der Sendung mit der Maus erwartet. Und die Kamera nimmt das auf. Um genau zu sein, nimmt die Kamera das Bild von Ralph auf.

Das funktioniert so: Das Licht der Scheinwerfer scheint auf Ralph und wird von ihm reflektiert, das heißt zurückgeworfen. Das reflektierte Licht fällt auf die Kamera. Die Kamera kann man sich als großen schwarzen Kasten vorstellen, der vorne ein Loch hat. Vor dem Loch ist ein Objektiv. Durch das Objektiv fällt das Bild von Ralph als **gebündelter Lichtstrahl** in das Innere der Kamera.

Bevor es nun mit dem Bild in der Kamera weitergehen kann, machen wir noch einen kurzen Ausflug in die Welt des Lichts. Das Bild von Ralph ist natürlich bunt.

Wir sehen ganz viele Farben. All diese bunten Farben werden beim Licht aus drei Grundfarben gemischt: **Rot, Blau und Grün.** Das ist ein bisschen anders als in eurem Farbkasten. Aus Rot und Grün wird beim Licht zum Beispiel Gelb. Grün und Blau ergeben Türkis. Rot und Blau werden zu Lila. Alle drei Farben zusammen ergeben Weiß.

Das bunte Bild von Ralph muss in der Kamera auch in seine Grundfarben zerlegt werden. Also in ein Bild, bei dem nur die roten Anteile von Ralph zu sehen sind, eins mit nur grünen und eins mit nur blauen Anteilen. Das kann man sich so vorstellen, als würde man vor Ralphs Bild einmal eine rote Folie, einmal eine grüne und einmal eine blaue Folie halten. Dann sieht man Ralph jeweils nur noch in der Farbe, die auch die Folie hat, die man vor ihn hält. Das genau passiert in der Kamera. Es gibt dort drei Scheiben, von denen eine nur rotes, eine nur grünes und eine nur blaues Licht durchlässt. Das Bild von Ralph geht durch die Scheiben hindurch und danach gibt es ein rotes, ein grünes und ein blaues Bild von ihm. Ralph wurde verdreifacht.
Mit den drei Bildern geht's nun weiter. Hinter jeder Scheibe, der roten, der grünen und der blauen, ist eine Platte montiert. Die kann etwas ganz Besonderes: Licht in Strom verwandeln. So ähnlich wie Solarzellen auf dem Dach eines Hauses auch das Sonnenlicht in Strom ver-

wandeln können. Wenn zum Beispiel das Licht vom roten Bild auf die Platte fällt, dann fließt **Strom**. Kommt kein Licht, dann fließt auch kein Strom.

Das Bild von Ralph wird also in der Kamera in drei einzelne Bilder zerlegt – rot, grün und blau – und dann werden diese Bilder in Strom verwandelt, genau genommen in ein **elektrisches Signal,** das Videosignal.

Ein elektrisches Signal enthält **Informationen.** Das kann man sich vorstellen wie bei einem Telefonanruf von Oma. Als Erstes läutet das Telefon. Das ist ein Signal. Wenn ihr dann mit der Oma telefoniert, werden Informationen ausgetauscht, das heißt, die Oma weiß, ob es euch gut geht und umgekehrt wisst ihr, was die Oma so macht.

Genauso ist das mit dem Videosignal. Es enthält Informationen. Zunächst die **Bildinformation**, also welche Farbe das Bild hat und wie hell es ist. Dann die **Toninformation,** denn ihr wollt ja auch wissen, was der Ralph zu sagen hat. Schließlich braucht man noch Informationen, wie der Fernseher bei euch zu Hause das Bild auf den Fernsehbildschirm schreiben soll (der Fernseher kann ein Bild nämlich nicht so anschauen wie ihr, sondern muss das Bild Zeile für Zeile aufschreiben).

Jetzt muss das elektrische Signal nur noch von der Kamera zu euch nach Hause kommen. Das kann entweder über Leitungen oder auch über die Luft geschehen.

Wenn es über die Luft transportiert werden soll, dann braucht man einen Fernsehturm mit einer **hohen Antenne.** Diese Antenne kann so genannte elektromagnetische Wellen erzeugen. Das sind ganz besondere Wellen, die sich ohne Leitungen in der Luft fortpflanzen können und so auch bis zu euch nach Hause kommen. Dort werden sie wieder mit einer Antenne eingefangen. Und jetzt kommt der Trick:

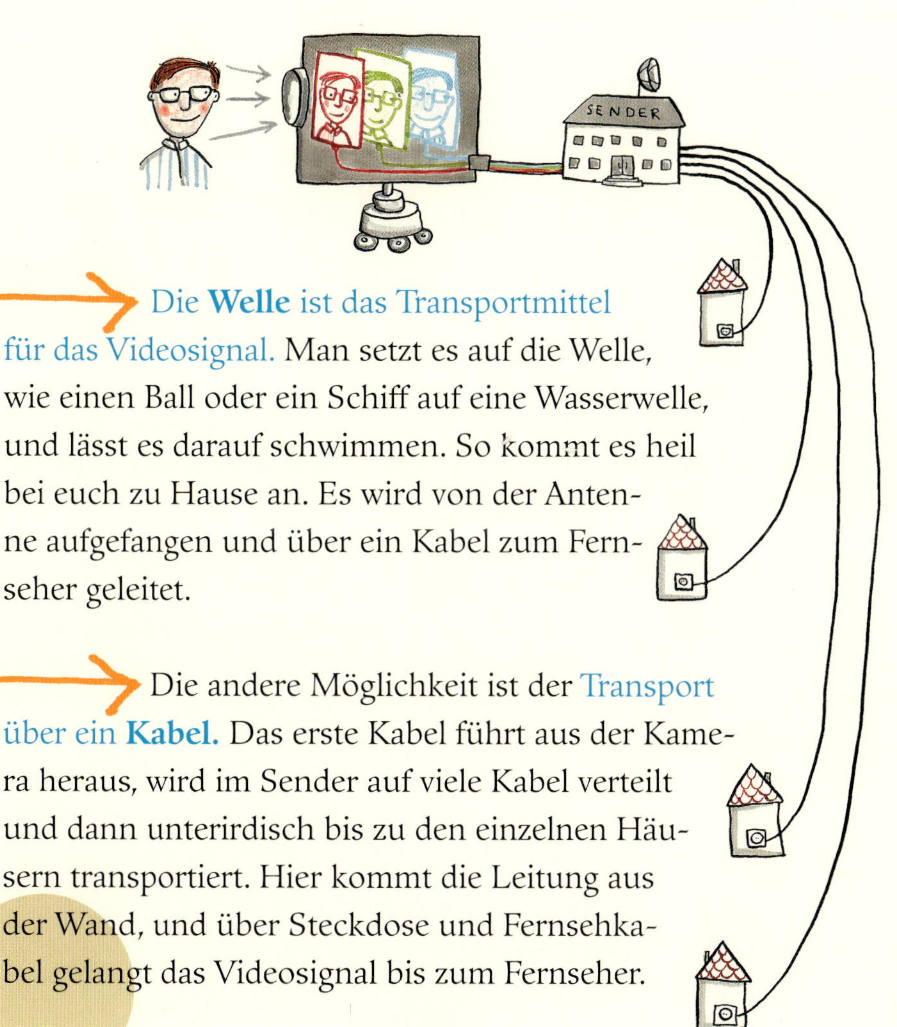

Die **Welle** ist das Transportmittel für das Videosignal. Man setzt es auf die Welle, wie einen Ball oder ein Schiff auf eine Wasserwelle, und lässt es darauf schwimmen. So kommt es heil bei euch zu Hause an. Es wird von der Antenne aufgefangen und über ein Kabel zum Fernseher geleitet.

Die andere Möglichkeit ist der Transport über ein **Kabel.** Das erste Kabel führt aus der Kamera heraus, wird im Sender auf viele Kabel verteilt und dann unterirdisch bis zu den einzelnen Häusern transportiert. Hier kommt die Leitung aus der Wand, und über Steckdose und Fernsehkabel gelangt das Videosignal bis zum Fernseher.

Im Fernseher geht es weiter. Denn nun muss das **elektrische Signal** in Bilder zurückverwandelt werden.

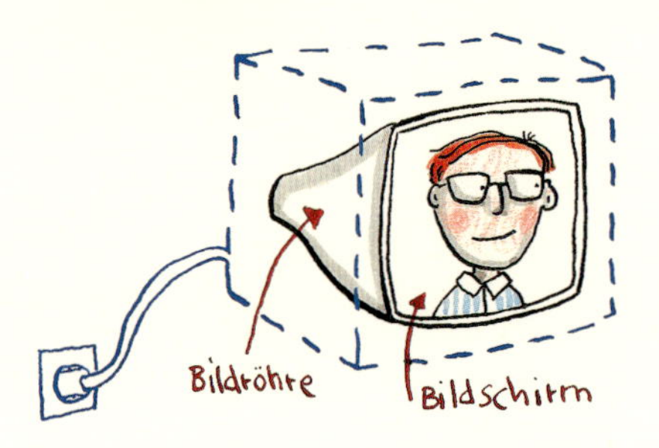

Im Gehäuse des Fernsehers gibt es eine lange Bildröhre, an deren vorderem Ende der Bildschirm sitzt. Der Bildschirm ist die Scheibe, auf die ihr beim Fernsehen guckt. Er ist auf der Innenseite mit Millionen von Leuchtpunkten in Rot, Grün und Blau beschichtet. Ihr erinnert euch – die drei Grundfarben des Lichts, aus denen man alle anderen Farben mischen kann.

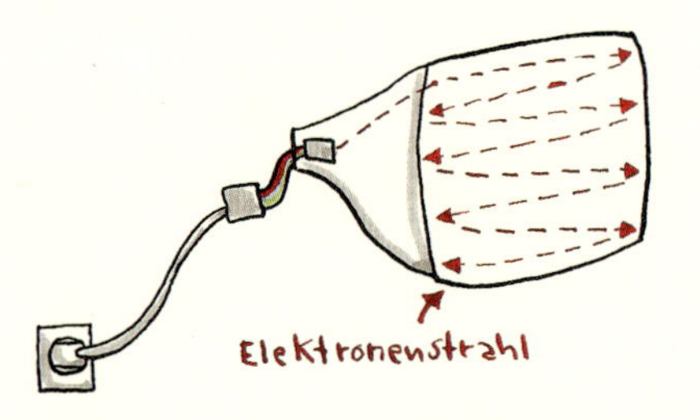

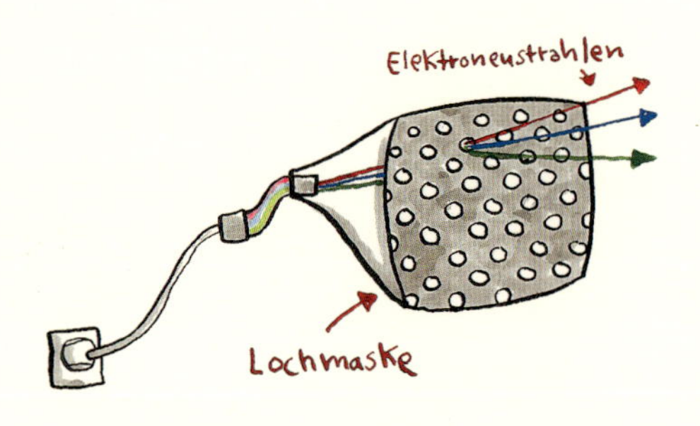

Von den Punkten kann man aber nur etwas sehen, wenn sie leuchten. Sonst ist der Bildschirm schwarz. Irgendetwas muss diese Punkte zum Leuchten bringen. Das macht ein **Strahl.** Der kommt nicht von einer Taschenlampe, sondern von einer Glühkatode. Die sieht aus wie der Glühfaden einer Glühbirne. Wenn ihr euren Fernseher einschaltet, dann können aus dieser Glühkatode Elektronen herausfliegen, und das ist dann ein **Elektronenstrahl.**

Das klingt sehr kompliziert, aber ihr könnt es euch ungefähr so vorstellen: Das Videosignal ist an eurem Fernseher angekommen. Ihr könnt mal auf der Rückseite schauen. Dort seht ihr ein weißes Kabel. Wenn man das herauszieht, sieht man kein Bild mehr auf dem Fernsehbildschirm. Dies ist der Beweis, dass das Bild über dieses Kabel kommt und dass das Videosignal ein elektrisches Signal ist.

Um das Videosignal wieder in ein **sichtbares Bild** zurückzuverwandeln, flitzt der Elektronenstrahl ganz schnell über den Bildschirm und schreibt wie in einem Schulheft zeilenweise das Bild. Er schreibt aber keine Buchstaben, sondern bringt die farbigen Bildpunkte auf dem Bildschirm zum Leuchten.
Welcher Bildpunkt wann und wie stark beleuchtet werden muss, das steckt in der Information des Videosignals. Trägt Ralph also zum Beispiel ein rotes T-Shirt, dann leuchten an dieser Stelle auf dem Bildschirm auch nur die roten Leuchtpunkte. Grün und Blau haben Pause.

Damit wirklich nur die Punkte von dem Elektronenstrahl getroffen werden, die auch leuchten sollen, ist im Fernseher, vor dem Bildschirm, noch eine Lochmaske.

So eine Art Sieb. Die Elektronenstrahlen kommen nur an der Stelle durch, an der sie auch einen Punkt zum Leuchten bringen sollen. Das Bild, das wir im Fernsehen sehen können, besteht also eigentlich aus ganz vielen Punkten. Wenn ihr ganz nah an den Fernseher herangeht, kann man das sogar sehen. Aber bitte nur kurz, das ist nämlich für die Augen ungesund!

Der Elektronenstrahl arbeitet so schnell, dass unser Auge das gar nicht wahrnehmen kann. Deshalb sehen wir immer ein ganzes Bild und nicht einzeln aufleuchtende Punkte. Weil 25 einzelne Bilder in einer Sekunde auf dem Bildschirm aufleuchten, sehen wir sie bewegt, als Film und nicht als viele einzelne Fotos. Unser Auge lässt sich also täuschen.

Der **Ton,** der auch noch in dem Videosignal enthalten ist, muss natürlich zu den Lautsprechern in unserem Fernseher geschickt werden. Die machen dann aus dem elektrischen Signal wieder ein **hörbares Signal.**

So, alles was der Ralph macht und was er spricht, könnt ihr jetzt mit eurem Fernseher sehen und hören. Aber während der ganzen langen Erklärung ist so viel Zeit vergangen, dass er jetzt schon erzählt, was euch in der nächsten Sendung erwartet. Ende.

5. Warum können Flugzeuge fliegen?

Es ist einer der ältesten Träume der Menschen: Fliegen wie ein Vogel. Bis der Traum vom Fliegen endlich wahr wurde, vergingen aber viele hundert Jahre. Das lässt vermuten, dass die Sache mit dem Fliegen nicht ganz einfach ist. Es gehört einiges dazu, bis ein Flugzeug wirklich in die Luft abhebt und auch wieder sicher landet. Bis es so weit war, gab es eine Menge Bruchlandungen.

Heißluftballons und **Gleitflieger** waren schon erfunden, als es 1903 den Brüdern Wright gelang, mit einem Motorflugzeug in die Luft zu steigen. Es flog genau 36 Meter weit. Nicht viel, aber der entscheidende Durchbruch war gelungen. Schon beim zweiten Flug legten sie 260 Meter zurück und ab da war die Sache nicht mehr zu stoppen.

Es gibt zwei Dinge, die das Fliegen so schwierig machen: das **Gewicht des Flugzeuges** und der **Luftwiderstand.** Eine Boeing 747 wiegt 400 Tonnen. Ohne dass irgendetwas sie anhebt, bleibt sie am Boden stehen. Der Grund: → Die Erde zieht alles an, ein dickes Flugzeug genauso wie einen kleinen Stein, der zu Boden fällt. Den Luftwiderstand spürt jeder, der Fahrrad fährt. Man muss kräftig in die Pedale treten, um diesen Widerstand zu überwinden. Ein großes Flugzeug muss natürlich gegen einen viel größeren Luftwiderstand ankommen.

Gewicht und Luftwiderstand müssen also überwunden werden, damit ein Flugzeug fliegt. Gegen das Gewicht wirkt beim Flugzeug der **Auftrieb.** Er entsteht an den Flügeln. Gegen den Widerstand drückt der **Schub.** Er wird von den Düsen oder den Propellern des Flugzeugs erzeugt.

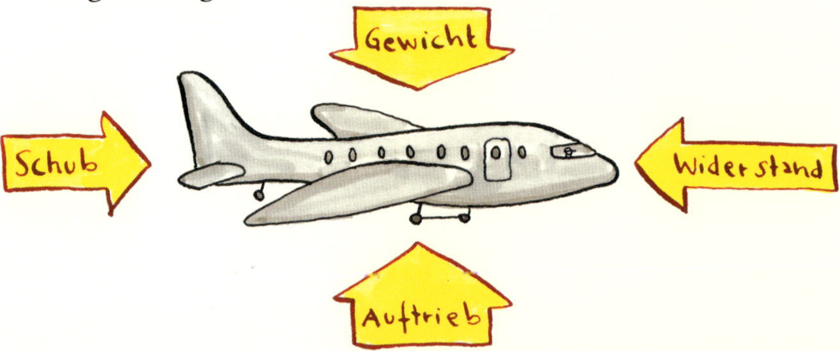

Zuerst zum Schub: **Düsen** und **Propeller** arbeiten wie umgedrehte Ventilatoren. Sie ziehen Luft von vorne an und drücken sie hinter sich heraus. Dadurch wird das Flugzeug angeschoben. Wie das funktioniert, könnt ihr mit einem Luftballon selbst ausprobieren: einfach aufblasen und loslassen. Die ausströmende Luft schiebt den Ballon an. Er fliegt durch die Luft. Genauso schiebt die ausströmende Luft das Flugzeug an und überwindet dabei den Luftwiderstand. Vorwärts rollt das Flugzeug nun schon mal. Es wird sogar immer schneller auf der Startbahn. Nur abheben müsste es jetzt noch. Aber es ist so schwer.

Jetzt kommt der Auftrieb ins Spiel: Während das Flugzeug vorwärts fährt, wird es von Luft umströmt. Der Bereich, der für das Fliegen als Nächstes wichtig ist, sind die **Flügel.** Was mit der Luft an den Tragflächen passiert, gucken wir uns mal genauer an: Das Flugzeug gleitet durch die Luft. Es ist überall von Luft umgeben und die drückt von allen Seiten auf das Flugzeug. Aber nicht gleich stark. Wenn die Luft auf den Flügel trifft, dann teilt sie sich auf und strömt oben und unten am Flügel entlang. Aber nicht gleich schnell. Weil der Flügel etwas schräg gestellt und oben mehr gebogen ist, strömt die Luft oben schneller entlang als unten.

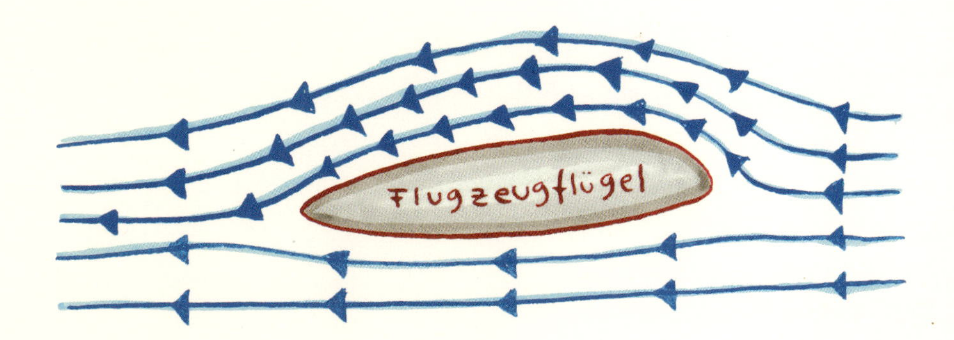

Die schneller strömende Luft drückt weniger als die langsamere Luft. Dadurch entsteht oberhalb des Flügels ein Unterdruck. Unterdruck kann etwas Besonderes: Er zieht, und zwar kräftig. Auch das könnt ihr ausprobieren: Nehmt einen Becher und setzt ihn ganz fest um den Mund. Jetzt atmet kräftig durch den Mund ein. Im Plastikbecher entsteht durch die fehlende Luft Unterdruck. Der Unterdruck zieht eure Lippen in den Becher und der Becher saugt sich am Gesicht fest.

Unterdruck kann also ziehen.

Wie der Unterdruck an einem Flugzeugflügel wirkt, könnt ihr mit einem Streifen Papier und einem Kugelschreiber ausprobieren. Zieht den Streifen Papier einmal an einer Tischkante entlang, sodass sich das Papier leicht wölbt. Dann dreht den Papierstreifen eine Umdrehung um den Kugelschreiber. Wenn ihr nun entlang der gewölbten Seite des Papiers pustet, dann hebt sich das Papier an. Euer Pusten beschleunigt den Luftstrom auf der gewölbten Seite, dadurch entsteht Unterdruck, und der zieht das Papier nach oben.

Auch über einem Flugzeugflügel wird der Unterdruck umso größer, je schneller das Flugzeug wird. Irgendwann ist er so groß, dass er den Flieger von der Startbahn weg in die Luft nach oben zieht. Was die Luft am Flügel bewirkt hat, nennt man den Auftrieb.
Ist der Auftrieb groß genug, dann überwindet er das Gewicht des Flugzeugs. Es hebt ab und fliegt.

6. Warum ist Wasser durchsichtig, aber das Meer blau?

Die Frage nach dem blauen Meer erinnert ziemlich stark an die Frage nach dem blauen Himmel. Und tatsächlich ist einiges bei der Antwort gleich. Bevor ihr euch aber gähnend zurücklehnt oder direkt weiterblättert: Es kommt noch etwas Neues hinzu.

Fangen wir mit dem Bekannten an: Farben haben immer etwas mit **Licht** zu tun. Wieder mal ist es das Sonnenlicht, das auch für das Blau des Meeres zuständig ist. Es besteht eigentlich aus ganz vielen Farben: **Rot, Orange, Gelb, Grün, Blau und Violett.** Das kennt ihr alles schon vom Bild mit dem **Prisma.**

Wasser besteht wie Luft aus ganz vielen kleinen Teilchen. Sie sind größer als die Luftteilchen, aber immer noch unvorstellbar klein. Wenn das Sonnenlicht auf die Wasserteilchen trifft, passiert das Gleiche wie in der Luft: Es wird **gestreut.**

Das bedeutet, das Licht trifft auf ein Wasserteilchen und prallt ab. Dadurch können wir es sehen.

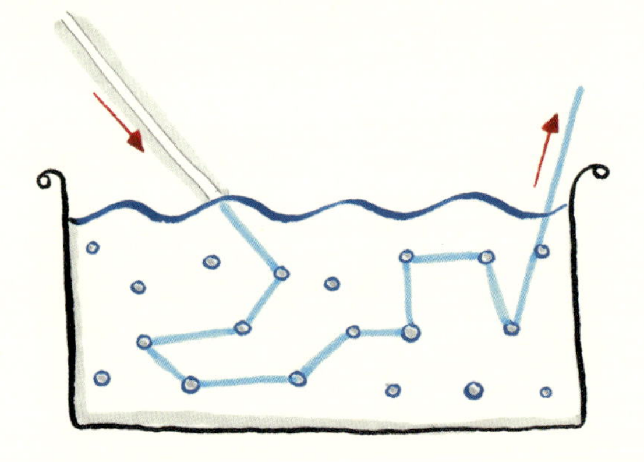

Wie in der Luft wird Blau viel öfter gestreut als die anderen Farben.

Das allein genügt aber nicht. Beim Wasser kommt noch etwas hinzu, das neu ist. Wasser »schluckt« auch Licht; am liebsten rotes. »Absorbieren« nennt man das. Das kann man sich ungefähr so vorstellen: Kommt rotes Licht ins Wasser, dann wird es von den Wasserteilchen festgehalten und nicht mehr aus dem Wasser rausgelassen. Es wird sogar verändert: Aus dem Licht wird Wärme. Sehen kann man davon aber nichts. Wärme kann man nicht sehen und Licht, das nicht mehr aus dem Wasser rauskommt, natürlich auch nicht.

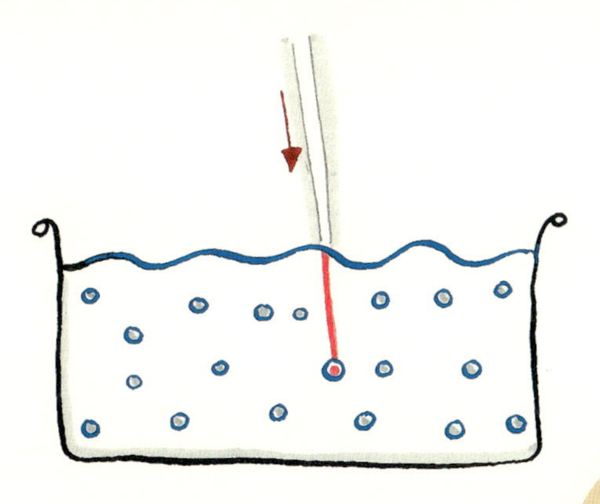

Am liebsten absorbiert das Wasser die Farben Rot, Orange und Gelb.

Das Meer ist also blau, weil zwei Dinge zusammenkommen: Erstens streut blaues Licht am meisten und zweitens werden die anderen Farben des Lichtes stärker vom Wasser absorbiert. Blau überwiegt, ist also klar im Vorteil. Deshalb sehen wir das Meer blau.

Jetzt sagen ein paar von euch aber sicher: ***»Nöö, stimmt gar nicht, manchmal ist das Meer ganz grün oder türkis und ein Fluss wirkt oft eher braun«.*** Richtig. Das liegt aber an etwas anderem. Wasser in Seen und Meeren ist nicht nur reines Wasser, es schwimmt noch eine Menge darin: Plankton zum Beispiel. Das sind ganz winzige Pflanzen und Tiere. Sie färben das Wasser grün. Der helle Sand im flachen, ufernahen Wasser wirft das Sonnenlicht direkt zurück. Dadurch hellt das Blau auf und wird türkis. Und Flüsse führen oft Schlamm und Erdkrümelchen mit und deshalb erscheint ihr Wasser braun. Sauberes Wasser, zum Beispiel weit draußen im Meer oder auch im Schwimmbad, das ist aber immer blau.

Bleibt nur noch eine letzte Frage: ***Wenn man ein Glas Wasser aus dem blauen Meer schöpft, warum ist dann dasselbe Wasser auf einmal durchsichtig?*** Das liegt an der Menge des Wassers. In einem Glas ist so wenig Wasser, dass das blaue Licht zu selten auf Wasserteilchen trifft und streut. Die anderen Farben werden auf der kurzen Strecke auch nicht absorbiert. Das weiße Licht geht also ziemlich unbeeinflusst durch das Wasser im Glas hindurch. Und deshalb ist wenig Wasser durchsichtig und viel Wasser blau. Je mehr Wasser es ist, also je tiefer das Meer zum Beispiel ist, desto dunkelblauer erscheint das Wasser. Natürlich gilt auch das nur bis zu einer bestimmten Grenze. Wenn das Wasser zu tief ist, dringt kein Lichtstrahl mehr hindurch. Ganz unten im Meer ist es deshalb stockdunkel.

So, nachdem alles erklärt ist, muss am Schluss noch mit einer falschen Vorstellung aufgeräumt werden: Das Meer ist nicht blau, weil es den blauen Himmel spiegelt. (Ganz glattes Wasser kann das höchstens ein bisschen.) Der Beweis ist ganz einfach: Geht an einem wolkigen Tag mal ans Meer oder ins nächste Schwimmbad. Trotz Wolken ist das Wasser blau. Es kann also nicht von der Spiegelung des Himmels kommen, denn der ist gar nicht blau.

Es sind wirklich die Streuung und Absorption des Sonnenlichtes, die auch bei schlechtem Wetter das Meer blau erscheinen lassen.

Bis der Strom bei euch zu Hause aus der Steckdose kommt, hat er einen weiten Weg hinter sich. Wir fangen mal ganz vorne, am Beginn seiner Wegstrecke, an, dort, wo er hergestellt wird.

Strom wird tatsächlich gemacht. Man kann Strom aus Sonne, Wind, Wasser, Kohle, Gas, Atomkraft und einigem mehr herstellen. Die Hälfte des Stroms, den wir in Deutschland verbrauchen, wird aus Kohle gewonnen. Deshalb gucken wir uns ein Kohlekraftwerk einmal genauer an. Kraftwerk heißt die Fabrik, in der Strom hergestellt wird.

Die **Kohle** wird im Kraftwerk verbrannt und mit der entstehenden Wärme wird Wasser in einem riesigen Kessel

erhitzt. Das Wasser wird so heiß, dass es verdampft. Wie bei einem Wasserkessel, den man auf den Herd stellt. Wenn das Wasser kocht, bildet sich **Wasserdampf.** Hält man ganz vorsichtig ein kleines Spielzeugwindrad in den Dampf, dann dreht sich das Windrad. Der Wasserdampf setzt es in Bewegung. Genau dasselbe macht der Wasserdampf im Kraftwerk. Nur setzt er ein großes Rad in Bewegung. Das heißt Turbine.

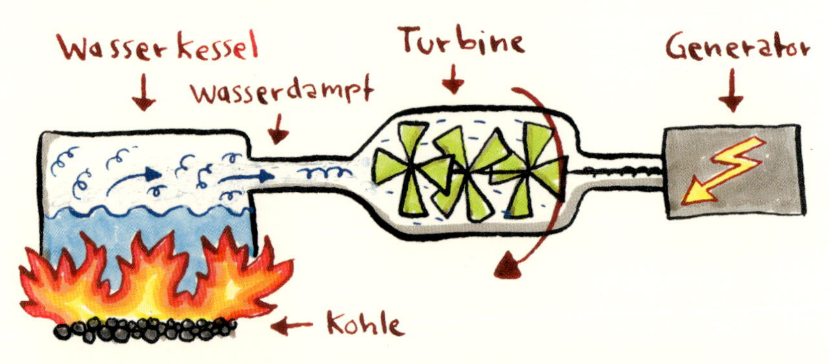

An die sich drehende Turbine ist ein Generator gekoppelt. Hier wird die Bewegung der Turbine in elektrische Energie umgewandelt. Um zu verstehen, wie das funktioniert, müssen wir aber erst einmal klären, was Strom überhaupt ist.

Eine Stromleitung aus Metall kann man sich ähnlich wie eine Wasserleitung vorstellen. Dreht man den Wasserhahn auf, fließt Wasser, steckt man den Stecker in die Steckdose, fließt Strom. Strom kann also fließen.

Das liegt an ganz kleinen Teilchen, aus denen die Luft, alle Flüssigkeiten, aber auch alle festen Gegenstände bestehen. Sie heißen Atome. Atome kann man sich so vorstellen: Sie haben in der Mitte einen Kern und darum herum kreisen viele kleine Elektronen. Der Kern hat eine positive Ladung (wie das »+« in der Mathematik) und die Elektronen eine negative (wie das »-«).
Am »zufriedensten« sind die Elektronen und der Kern, wenn sich genauso viel positive Ladung wie negative Ladung im Atom befindet. Also zum Beispiel drei positive Ladungen im Kern und drei negativ geladene Elektronen kreisen drum herum. Dann ist die Lage ausgeglichen oder neutral.

Man kann die Elektronen aber aus ihrer Bahn werfen. Zum Beispiel durch Reibung. Dabei entsteht Energie, die so stark ist, dass sie die Elektronen aus ihrer Bahn herauskatapultiert. Dadurch fehlen aber Elektronen im Atom. Das Atom hat plötzlich mehr positive als negative Ladung. Und dort, wo die Elektronen hingeflogen sind, ist nun ein Überschuss an negativer Ladung vorhanden. Da sich Atome aber am wohlsten fühlen, wenn die Ladungen ausgeglichen sind, wollen die negativen Elektronen wieder zurück, dorthin, wo positive Ladung ist. Um dorthin zu kommen, bewegen sich die Elektronen schnell in diese Richtung.

Sie strömen. Bewegte Elektronen sind nichts anderes als elektrische Energie, kurz Strom genannt.

So, mit diesem Wissen ausgestattet, geht es zurück zum Generator. Wenn im Generator Strom erzeugt werden soll, dann müssen dort Elektronen aus ihrer Bahn herausgeschleudert werden. Was im großen Generator im Kraftwerk passiert, gucken wir uns erst einmal bei einem kleinen Generator an, den jeder kennt:
dem Fahrraddynamo.

Der Dynamo besteht oben aus einem Rädchen, das vom Fahrradreifen gedreht wird. An dem Rädchen ist innen im Dynamo ein Magnet befestigt. Weil das Rädchen sich dreht, rotiert auch der Magnet. Der Magnet dreht sich in einem Eisenkern, der mit einem dünnen Draht umwickelt ist. Das nennt man eine **Spule.**

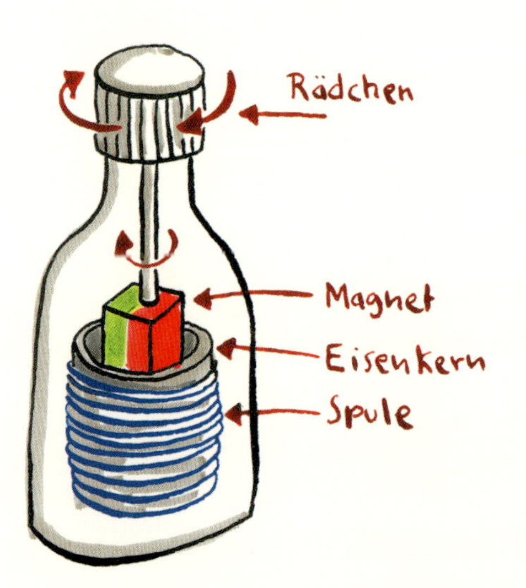

Ein Magnet hat einen **Plus-** und einen **Minuspol.** Sie bilden ein Magnetfeld. Das kann man gut an Eisenspänen erkennen, die von den zwei Polen angezogen werden.

Wenn der Magnet sich nun dreht, dann verändert sich ständig das Magnetfeld im Dynamo. Das hat Auswirkungen auf die beweglichen Elektronen im Spulendraht. Auch sie werden durcheinander gewirbelt. Sie springen aus ihrer Bahn und dadurch trennt sich die Ladung. Auf der einen Seite des Drahtes gibt es zu viele Elektronen, auf der anderen zu wenig. Es entstehen Plus und Minus. Das nennt man auch elektrische Spannung. Abfließen kann sie noch nicht, es fehlt noch das elektrische Plus, zu dem die negativen Elektronen wollen. Aus der Bewegungsenergie des gedrehten Magneten ist auf diese Weise elektrische Energie geworden.

Im Generator des Kohlekraftwerks passiert fast das Gleiche, nur ist alles viel größer und es dreht sich auch alles viel schneller. Dadurch kann natürlich mehr Spannung erzeugt werden. Es gibt allerdings einen kleinen Unterschied: Im Kraftwerksgenerator dreht sich die **Spule** und der **Magnet** steht fest. Aber was sich dreht, macht für die Elektronen keinen Unterschied. Weil sich das Magnetfeld dauernd ändert, schleudert es sie immer aus ihrer Bahn.

→ So entsteht auch im Generator elektrische Spannung.

Über Leitungen wird die Spannung aus dem Kraftwerk hinaus und schließlich bis zu euch nach Hause transportiert. Hinter der Steckdose in der Wand befindet sich so eine Stromleitung, in der die Spannung ist. Sie wartet sozusagen darauf, dass man den Stecker einer Lampe in die Steckdose steckt. Jetzt haben die Elektronen freie Bahn. Der Strom fließt und bringt die Lampe zum Leuchten.

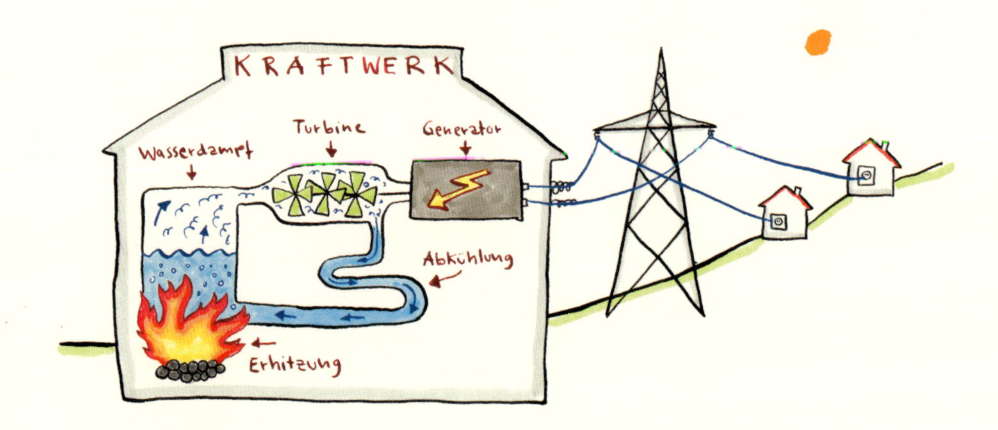

8. Wie kommt die Musik auf die CD?

Der Anfang der Musik auf der CD sind ein paar erbsengroße, durchsichtige **Plastikkörner.** Die geben natürlich noch keinen vernünftigen Ton von sich. Sie rascheln höchstens ein bisschen. Die Körner heißen Polycarbonat. Sie werden in einer Maschine erhitzt und dadurch flüssig. Das flüssige Polycarbonat wird zwischen zwei runden Metallplatten in die Form einer CD gepresst.

Die so entstandene CD ist durchsichtig. Und – unglaublich aber wahr – auf dieser CD ist die Musik schon drauf. Wenn man sie in den CD-Player schiebt, kann man davon aber noch nichts hören. Komisch! Aber bevor wir das Problem lösen, müssen wir einen Ausflug machen. Einen ziemlich langen sogar, und zwar in die Welt der **Wellen.**

Musik besteht aus einzelnen Tönen und die sind nichts anderes als Schallwellen. Schallwellen sind bewegte Luft, so wie Wasserwellen bewegtes Wasser sind.

Das **Mikrofon** nimmt diese Schallwellen auf und verwandelt sie in **elektrische Wellen.** Elektrische Wellen kann man besser transportieren. Über ein Kabel werden diese Wellen zu einem Gerät gebracht, das diese Wellen wieder umwandelt: **in Computersprache.**

Die Computersprache ist eine Sprache, die aus zwei Zeichen besteht: **»0«** und **»1«.** Wir Menschen unterscheiden beim Rechnen zehn Zustände. Alle Zahlen, die wir schreiben, setzen sich damit aus den Ziffern **0, 1, 2, 3, 4, 5, 6, 7, 8** und **9** zusammen, also insgesamt aus zehn Zeichen. Man nennt das ein **Zehnersystem** oder auch Dezimalsystem. Der Computer hat nur zwei Zustände und muss deshalb alle Zahlen aus den beiden Ziffern 0 und 1 zusammensetzen, das nennt man **Zweiersystem** oder auch etwas vornehmer Binärsystem.

Nun zurück zu unserer Welle. Wenn der Computer über die Welle fährt, so stellt er unterschiedliche **Höhen** fest. Der Computer misst nun jeden Höhenwert, nicht mit dem Metermaß, sondern einfach, indem er zählt. Das kann der Computer nämlich besonders gut.

So bekommt man zu jedem Höhenwert eine Zahl. Diese Zahl wäre zum Beispiel 42 im Dezimalsystem, das heißt für den Computer 101010 im Zweiersystem.
Diese Messung der Höhenwerte nennt man »Abtastung«. Wenn der Computer die Welle abgetastet hat, so befindet sich in seinem Speicher ein mathematisches Abbild, das heißt, zu jedem Höhenwert der Welle eine Zahl. Die Welle ist nun digitalisiert.

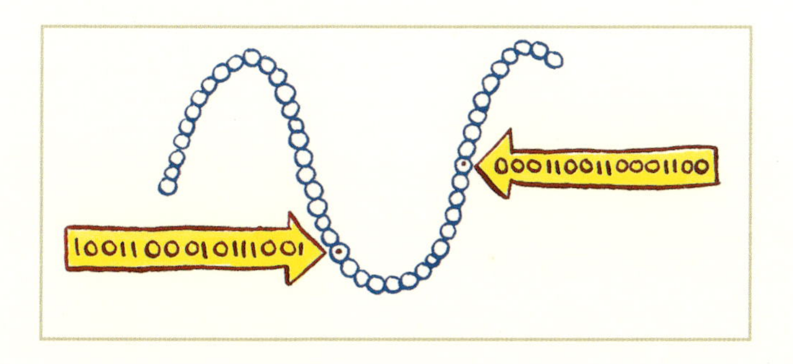

Schreibt man all diese Zahlenwerte hintereinander auf, dann entsteht eine fast endlos lange Zahlenreihe. So könnte ihr Anfang aussehen:
1100011101010001100100010101001010100010101010
1110010101010010101001010101010101110101011101
010100011100100100100100010 ... Okay, genug. Diese Zahlen werden jetzt wieder übersetzt, und zwar auf eine Metallplatte. Eine **»1«** heißt, auf die Platte kommt eine kleine Spitze, **»0«** heißt, es passiert nichts. Die Platte bleibt glatt. Also bei unserer Zahl hieße das: Spitze, Spitze, glatt, glatt, glatt, Spitze, Spitze, Spitze und immer so weiter ... All die Spitzen und glatten Flächen werden in die Platte eingearbeitet.

Die Musik ist also in einer Art Geheimschrift auf die Platte geschrieben. Und jetzt sind wir schon fast am Ende des Ausflugs angelangt: Diese Platte drückt bei der CD-Herstellung ihr Muster in die durchsichtige Plastikscheibe. Wo auf der Metallplatte Spitzen sind, bekommt die CD Vertiefungen.
Das funktioniert im Prinzip wie bei einem Waffeleisen. So wie sich dort die Spitzen in den flüssigen Teig drücken und beim Aushärten Vertiefungen in der Waffel hinterlassen, so drücken die Spitzen der Platte in den noch weichen Kunststoff. Bei der CD heißen die **Vertiefungen** »Pits«. Die Zwischenräume, also die **Erhebungen** zwischen zwei Pits, heißen »Lands«.

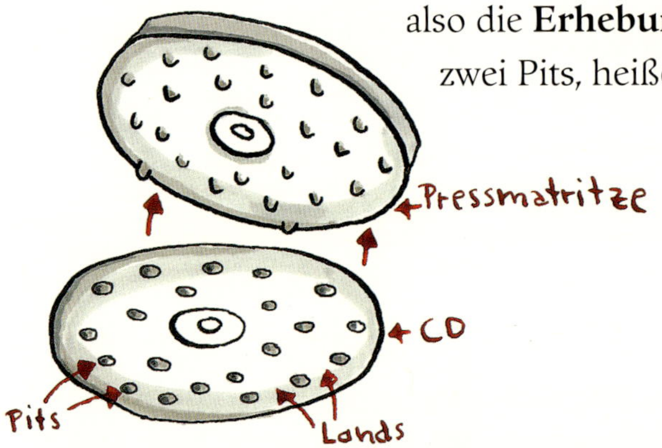

Wenn man die durchsichtige CD in den CD-Player legt, hört man aber ... NICHTS! Das liegt daran, dass die CD im Abspielgerät von einem **Laserstrahl** abgetastet wird. Laser ist Licht und Licht geht durch eine durchsichtige CD einfach hindurch. Um die CD abtasten zu können, muss der Laserstrahl reflektiert, das heißt, von der CD zurückgeworfen werden. Es fehlt also noch etwas. Jetzt lösen wir das Problem vom Anfang.

Damit die Reflexion des Laserlichts funktioniert, wird die CD mit einer ganz dünnen Aluminiumschicht überzogen. Darüber kommt noch flüssiger Klarlack als Schutzschicht, damit das Aluminium nicht so leicht verkratzt. Das ist schon die fertige CD. Legt man sie in den CD-Player, ist die Musik zu hören.

Man hört Musik, weil der Laserstrahl auf die CD trifft und von ihr in den Lesekopf des CD-Players zurückgeworfen wird.

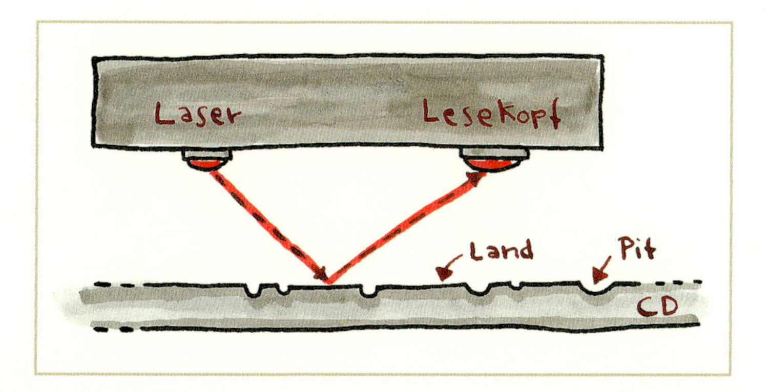

Dabei ändert sich die Intensität, das heißt die Stärke des Laserstrahllichtes, je nachdem ob er eine Vertiefung oder eine Erhebung trifft. Diese unterschiedliche Lichtintensität erkennt der CD-Player und verwandelt sie wieder zurück. Erst in die Zahlen »**0**« und »**1**« und alle daraus zusammengesetzten Zahlen. Dann die Zahlen wieder zurück in Wellen. Erst in elektrische und dann in Schallwellen. Und die können wir schließlich hören.

9. Wie funktioniert ein Computer?

Während wir nach einer Antwort auf diese Frage gesucht haben, kamen wir uns wie der Junge auf dem Bild vor: Man wühlt sich in den Computer immer tiefer hinein und dabei wird alles immer verwirrender. Weil ein Computer ein sehr kompliziertes Gerät ist und man über ihn ein ganzes Buch schreiben könnte, haben wir beschlossen, uns auf zwei Fragen zu konzentrieren:

1. Was passiert, wenn wir den Computer starten?
2. Was passiert im Computer ab dem Moment, in dem wir den Buchstaben »**A**« drücken bis zu dem Moment, in dem das »**A**« auf dem Bildschirm erscheint?

Wie der Computer arbeitet, das sagt schon sein Name: Computer ist Englisch und heißt übersetzt »Rechner«. Ein Computer rechnet aber nicht so wie wir, sondern er führt hintereinander ganz viele einfache Befehle aus. Weil jeder Befehl so einfach ist, kann er das supergut und superschnell. Mehr kann er allerdings nicht. Er ist nicht intelligent, sondern er macht nur das, was Menschen ihm beigebracht haben. Aber dazu später.

Der eigentliche Computer ist in dem rechteckigen Kasten. Mit ihm sind Tastatur, Drucker, Monitor, Lautsprecher und Maus verbunden. Aus dem rechteckigen Kasten kommt ein Stromkabel und das führt zu einer Steckdose. Das wird gleich wichtig, wenn wir den Computer einschalten.

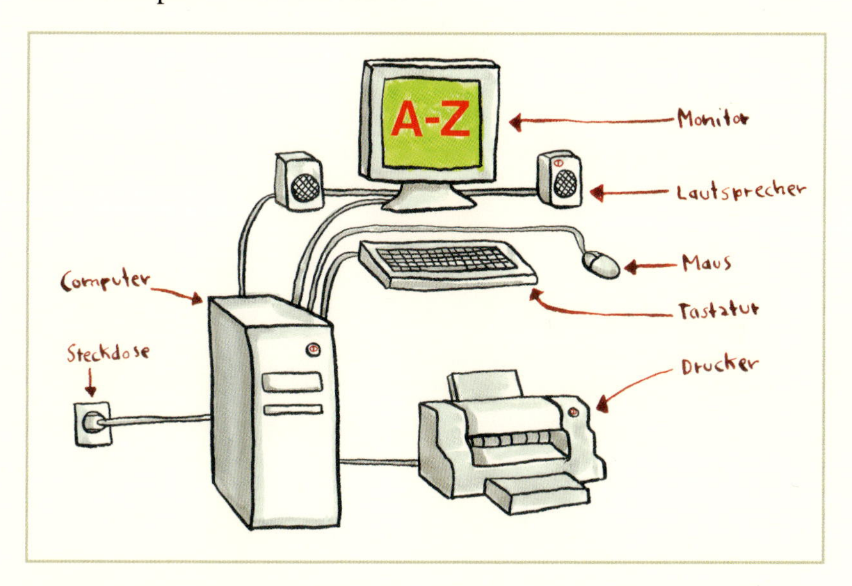

Will man den Computer starten, dann drückt man den »**An**«-Schalter am Gehäuse. Damit schließt man einen

Stromkreis und der Strom kann fließen. Strom wird uns nun die ganze Zeit begleiten, denn alles, was im Computer stattfindet, passiert mithilfe des Stroms.

Als Erstes geht es ans Wecken. Hier die Namen von einigen Bestandteilen, die geweckt werden: Das sind zum Beispiel der Prozessor, die Tastatur, der Bildschirm, die Maus und der Drucker. Sie werden vom Strom sozusagen angetippt und müssen antworten und sagen, ob sie alle da sind und ob alles in Ordnung ist. Das dauert ein paar Sekunden. Das ist wie bei euch, wenn ihr morgens geweckt werdet: Da muss man erst einmal gähnen, sich recken und den Schlaf aus den Augen reiben. Das Aufwecken allein reicht aber noch nicht, um mit dem Computer arbeiten zu können.

Um den Computer benutzen zu können, braucht man ein Betriebssystem. Das Betriebssystem ist ein **Programm.** Ein Programm ist eine lange Liste von Befehlen, die ein Computer hintereinander ausführen muss. Es wird zuerst von Menschen geschrieben und dann in Befehle, die der Computer versteht, übersetzt. Der Computer macht nichts von selbst. Er führt nur die Befehle hintereinander aus, die ihm die Menschen eingegeben haben.

Das Betriebssystem ist sozusagen der Hausmeister im Computer. Es verwaltet alle Geräte und Programme. Das bedeutet, es ordnet, sortiert und räumt auf. Dieses Betriebssystem wird in den Arbeitsspeicher geladen, damit es bereit ist für eure Anweisungen. Viele Computer haben ein Betriebssystem, das die verfügbaren Programme als kleine Symbole auf dem Bildschirm anzeigt.

Bevor ihr das »**A**« eingeben könnt, muss aber noch etwas gestartet werden, das auch schon im Computer abgespeichert ist: ein Programm. Wir wollen gleich schreiben, also soll es natürlich ein **Schreibprogramm** sein.

Jetzt ist für das Schreiben alles vorbereitet, was wir brauchen: Alle sind wach, das Betriebssystem ist bereit und das Schreibprogramm wartet auf den ersten Buchstaben. Also, nichts wie los und das »**A**« auf der Tastatur eintippen.

Halt, stopp, einen Moment noch! Bevor wir das »**A**« eingeben, müssen wir noch kurz gucken, wie der Computer überhaupt arbeitet. Alles, was er kann, ist rechnen, also braucht er Zahlen. Er rechnet nicht wie wir mit zehn Ziffern, sondern nur mit zweien, der »**0**« und der »**1**«. Auch mit nur zwei Ziffern kann man alle Zahlen darstellen. Zum Beispiel:

Wir schreiben:	1	2	3	4	5	6	7	8	9
Computer:	1	10	11	100	101	110	111	1000	1001

Dieses System aus »**0**« und »**1**« heißt Binärsystem, weil es nur aus zwei Ziffern besteht.

Auch jedem Buchstaben ist beim Computer eine Kombination von Nullen und Einsen zugeordnet. Zum Beispiel:

Wir schreiben:	A	B	C	X	Y	Z
Computer:	01000001	01000010	01000011	01011000	01011001	01011010

Für den Computer ist das Binärsystem besonders gut geeignet, weil es mit Strom zu bedienen ist. Beim Strom gibt es nämlich auch nur zwei Möglichkeiten: Entweder Strom fließt oder kein Strom fließt. Mit einem Schalter kann man die Zahlen »**0**« und »**1**« ganz leicht darstellen: »**0**« ist »**aus**« und »**1**« ist »**an**«.

An einem Lichtschalter könnt ihr das gut ausprobieren:

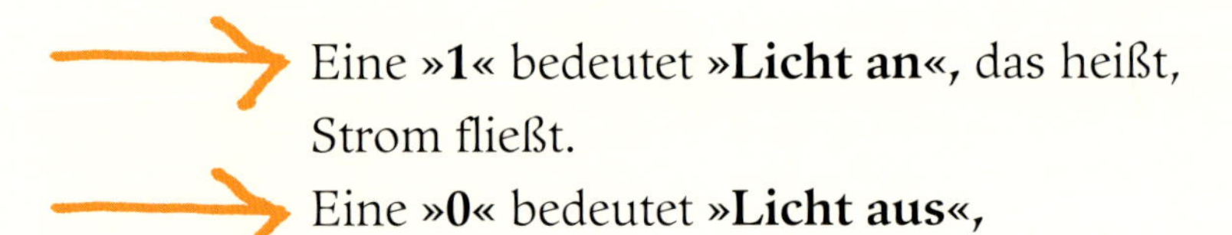

Eine »**1**« bedeutet »**Licht an**«, das heißt, Strom fließt.

Eine »**0**« bedeutet »**Licht aus**«, es fließt kein Strom.

Die »**5**«, also »**101**« aus dem Binärsystem, hieße in Strom übersetzt: Licht an, Licht aus, Licht an.
Der Computer hat in seinem Arbeitsspeicher viele Millionen Schalter, die entweder gerade »**an**« oder »**aus**« sind. Damit merkt er sich alle Programme und Daten. Wie zum Beispiel unser »**A**«.

Jeder Schalter kann genau eine »**0**« oder eine »**1**« speichern. Das nennt man ein Bit.

Ganz früher, bei den allerersten Computern, war tatsächlich jeder dieser Schalter mit einer Lampe verbunden, und man konnte genau sehen, ob ein Bit **»an«** oder **»aus«** war.

So, jetzt endlich kann es losgehen, haut in die Tasten, genauer gesagt auf das **»A«** der Tastatur. In dem Moment, in dem ihr auf das **»A«** drückt, wird in der Tastatur ein Kontakt geschlossen. Das bedeutet, es fließt Strom. Und zwar durch einen Schalter, der unter der Taste ist.

Zur Taste **»A«** gehört ein ganz bestimmter Code. Das ist eine achtstellige Kombination von **»0«** und **»1«**. Links in der Tabelle könnt ihr ablesen, welche Ziffern zum **»A«** gehören. Jeder Buchstabe und jede Zahl auf der Tastatur hat natürlich einen anderen Code. Der Computer muss sie schließlich unterscheiden können. Der Code für das **»A«** heißt: 01000001.

Das sind also acht Bits mit jeweils dem Befehl **»Strom an«** oder **»Strom aus«**. Die müssen jetzt von der Tastatur zum Computer gelangen. Dafür gibt es das Tastaturkabel, das die beiden verbindet. Drückt man die Taste **»A«** nach unten, dann fließt der Strom durch den Schalter und die Tastatur sendet die acht Bits für den Buchstaben **»A«** hintereinander durch das Kabel zum Computer.

Im Inneren des Computers sitzt das Motherboard. Das ist Englisch und heißt übersetzt **»Mutterplatte«.** Es ist tatsächlich eine Platte, auf der sich alle wichtigen Dinge des Computers abspielen.

Motherboard

Auf dem Motherboard sind ganz verschiedene Bereiche. Die wichtigsten sind: der Prozessor, der Arbeitsspeicher und die Festplatte. Die sind untereinander durch einen Bus verbunden.
Der Bus ist aber kein Schulbus, sondern das sind Leitungen, die alles auf dem Motherboard miteinander verbinden. Auf dem Bus laufen mehrere Bits gleichzeitig, man sagt auch parallel, von einem Bauteil zum anderen. Das geht schneller als die Bits einzeln hintereinander zu übertragen.

Die acht Bits, aus denen das **»A«** besteht, landen zuerst beim Eingabepuffer. Das ist ein kleiner Chip, der sich merkt, was die Tastatur gesendet hat. Ist das passiert, dann meldet er dem Prozessor, dass ein neues Zeichen da ist.

Ein Chip ist ein kleines Siliziumplättchen, auf dem sich viele Leitungen und Schalter befinden, die zu einer komplizierten Schaltung verbunden sind. Meistens steckt das Plättchen in einem schwarzen Stück Plastik, aus dem nur die Anschlussbeinchen herausragen.

Der Prozessor ist ebenfalls ein Chip und wird auch **»Zentraleinheit«** oder abgekürzt **»CPU«** genannt. Obwohl der Prozessor nicht größer als ein Fingernagel ist, schafft er unglaublich viele Rechenschritte in atemberaubender Geschwindigkeit. Er leistet fast die ganze Arbeit im Computer.

Prozessor

Der Prozessor holt sich immer neue Arbeit – im Computer heißt diese Arbeit »**Befehle**« – und führt sie aus. So eine Liste von Befehlen heißt Programm. Weil wir nun ein »**A**« schreiben wollen, braucht der Computer jetzt ein **Schreibprogramm.**

Der Ort, wo der Prozessor alle Befehle herholt, heißt Arbeitsspeicher. Er ist so etwas, wie der Notizblock des Computers. Alle Programme und alles, was gerade bearbeitet wird, notiert der Computer im Arbeitsspeicher.

Arbeitsspeicher

Wie auf einem Notizblock ist auch auf dem Arbeitsspeicher nicht unendlich viel Platz. Was länger im Computer verwahrt werden soll, das kommt deshalb auf die

Festplatte. Das ist das Langzeitgedächtnis des Computers. Und dort ist riesig viel Platz.

Festplatte

Alles, was wir für unser »**A**« brauchen, ist im Moment aber im Arbeitsspeicher.

Der Prozessor hat nun also vom Eingabepuffer gemeldet bekommen, dass ein »**A**« angekommen ist. Erst einmal kümmert sich das Betriebssystem um das »**A**«. Das verwaltet ja alles und weiß natürlich auch, wohin es mit einem »**A**« weitergeht.

Als wir das Schreibprogramm gestartet haben, hat es dem Betriebssystem gemeldet, dass es alles sehen will, was die Tastatur sendet. Klarer Fall, das »**A**« bekommt das Schreibprogramm. Es ist der erste Buchstabe, den wir heute schreiben, also berechnet das Schreibprogramm das »**A**« so, dass es als erster Buchstabe eines Wortes erscheint. Wenn das Schreibprogramm fertig ist, meldet es das dem Betriebssystem und sagt: gib es weiter an die Grafikkarte. Die Grafikkarte soll dafür sorgen, dass man das »**A**« auf dem Bildschirm sehen kann.

Nun kann die Grafikkarte aber keinen Code, wie zum Beispiel 01000001, direkt auf den Bildschirm schreiben. Er muss erst so umgewandelt werden, dass unser Auge das »**A**« auch erkennen kann. Das Betriebssystem macht deshalb aus den Ziffern Bildpunkte. Das bedeutet, der Prozessor berechnet ein Muster aus Bildpunkten, die entweder leuchten oder nicht leuchten. Das könnte zum Beispiel so aussehen:

0 0 1 1 1 1 0 0
0 1 1 0 0 1 1 0
1 1 0 0 0 0 1 1
1 1 1 1 1 1 1 1
1 1 0 0 0 0 1 1
1 1 0 0 0 0 1 1

Das Muster schickt der Prozessor an die Grafikkarte, die speichert alles, was auf dem Bildschirm angezeigt werden soll, und schickt sechzig bis hundertmal pro Sekunde ein neues Bild über das Bildschirmkabel zum Bildschirm. Immer wieder und so schnell, dass wir die einzelnen Bilder nicht sehen können. Das Bild auf dem Bildschirm sieht ganz ruhig aus, obwohl es rasend schnell immer wieder neu gemalt wird. Und zack, jetzt ist auch das »**A**«-Muster dabei.

Genau die Bildpunkte, die zusammen gesehen als Muster ein »**A**« formen, werden nun vom Strom zum Leuchten gebracht. Und endlich könnt ihr es sehen: das

10. Warum ist die Banane krumm?

Also, ein Bananenbieger kann es nicht sein. Aus

zwei Gründen:

Erstens hätten die Bananen dann Druckstellen vom Biegen und wer möchte solche Bananen schon essen?

Zweitens werden pro Jahr mehr als 65 Millionen Tonnen Bananen geerntet, und es würde viel zu lange dauern, alle diese Früchte krumm zu biegen. (Übrigens: Würde man diese Bananen alle gleichzeitig in Güterwagons eines Zuges packen, dann wäre dieser Zug so lang, dass er eineinviertel Mal um die Erde reichen würde.)

Irgendwie muss das von allein funktionieren. Und das tut es auch. Wer einen botanischen Garten in seiner Nähe hat, kann es sich sogar angucken. Denn nicht nur in den Tropen, auch in botanischen Gärten gibt es Bananenpflanzen.

Wenn eine Pflanze ungefähr acht Monate alt und bis zu fünf Meter hoch ist, bildet sich ihre **Knospe.** Sie ist dunkelrot-violett und sehr groß. Unter den großen Blättern der Knospe befinden sich die gelblichen Blüten der Banane. Ohne dass sie von Insekten befruchtet werden müssen, bilden sich aus diesen Blüten die Früchte. Das sind die Bananen. Guckt man sich diese kleinen Bananen an, so sind sie noch vollkommen gerade. Sie wachsen seitlich aus dem Stängel heraus. Erst wenn sich das große

Blatt der Knospe über ihnen aufgerollt hat, vertrocknet und abgefallen ist, dann verändert sich ihre Form.

Das hat einen guten Grund: Bananen wachsen in ganz vielen Ringen rund um den Stängel der Knospe. Das kann man sich wie viele übereinander gestapelte Kränze vorstellen. Oft sind es bis zu 200 Früchte, die so an einer Staude übereinander wachsen. Würden die Bananen einfach gerade weiterwachsen, dann würden sie die nachkommenden Blüten unter sich verdecken und deren Bestäubung verhindern. Deshalb machen die Bananen Platz. Dabei hilft ihnen das Sonnenlicht.

Bananen wachsen, wie alle Pflanzen, in Richtung des Lichtes und biegen sich deshalb nach oben. Das hat noch einen Vorteil: Würden sie weiter gerade wachsen, dann würden die Bananen, die oben am Stängel sitzen, den unteren Früchten das Licht nehmen. Ohne Licht können Früchte aber nicht reifen. Auch deshalb müssen sich die Bananen verbiegen.

Die Natur hat es also ganz allein geschafft, die Banane krumm zu biegen. Schlechte Zeiten für Bananenbieger.

Warum kann man sich an Träume nicht immer erinnern?

Ihr wacht schweißgebadet auf und seid erleichtert, dass das Krokodil, das euch eben noch durch die ganze Schule gejagt hat, doch nur ein Traum war. Ein Alptraum allerdings. Bei diesem Traum würden die meisten wahrscheinlich gerne darauf verzichten, sich zu erinnern. Aber es gibt ja auch schöne Träume. Und von denen wüsste man morgens gerne etwas. Oft wacht man allerdings auf und kann sich an keinen Traum der vergangenen Nacht erinnern.

Geträumt hat man aber auf jeden Fall. Das haben Wissenschaftler herausgefunden, indem sie Menschen beim Schlafen beobachtet haben. **Warum** man aber die meisten Träume vergisst und sich beim Aufwachen nicht daran erinnern kann, dafür gibt es noch **keine eindeutige Erklärung.** Man vermutet, dass es daran liegt, dass Träume im Gehirn nicht so abgespeichert werden, wie die Dinge, die wir erleben, wenn wir wach sind. Diese Erlebnisse sickern, vereinfacht gesprochen, tiefer ins Gehirn ein und werden dort gespeichert.

Wir träumen also jede Nacht, können uns aber nur an einen ganz kleinen Teil der Träume überhaupt erinnern. Ob wir uns daran erinnern, hängt davon ab, wie viel **Zeit** zwischen **Traum** und **Aufwachen** vergeht. Es dürfen höchstens ein paar Minuten dazwischen liegen, damit man sich noch an den Traum erinnert. Sonst ist er weg.

Ganz oft ist es auch so, dass man sich direkt nach dem Aufwachen noch an den Traum erinnern konnte und mittags hat man ihn dann schon wieder vergessen. Der Traum scheint also nicht im Gedächtnis gespeichert zu werden. Nur wer nach dem Aufwachen noch einmal über seinen Traum nachdenkt, der behält ihn länger im Gedächtnis.

Auch die Frage, warum der Mensch träumt, ist noch nicht eindeutig geklärt. Wahrscheinlich verarbeiten wir in der Nacht Probleme und Konflikte, mit denen wir uns tagsüber herumschlagen mussten. Die Träume dienen demnach der **geistigen Entspannung**.

Wer abends einschläft, fällt zuerst in einen leichten Schlaf, der stufenweise immer tiefer wird, bis man sich schließlich im Tiefschlaf befindet. Dieser Teil des Schlafs ist traumlos. Es ist die Zeit, in der sich der **Körper erholt**. In dieser Phase liegt man sehr ruhig im Bett.

Dann folgt eine Schlafphase, in der sich die Augen schnell bewegen. Es ist ein eher leichter Schlaf, allerdings sind die Muskeln dabei ganz entspannt. Diese Phase heißt auch REM-Phase. Die Buchstaben R E M sind die Abkürzungen für die englischen Wörter **»Rapid-Eye-Movement«.** Das bedeutet übersetzt »Schnelle-Augen-Bewegung«. In dieser Phase träumt der Mensch. Weil man beim Träumen auch zuckt oder um sich schlägt, ist es gut, dass die Muskeln entspannt sind. So kann man sich nicht so leicht verletzen. In der REM-Phase **erholt sich** vor allem **der Geist**.

Die verschiedenen Tiefschlaf- und Traumphasen erlebt unser Körper drei bis fünf Mal pro Nacht. Immer in der gleichen Reihenfolge. Das bedeutet auch, dass wir mehrmals pro Nacht träumen. Und morgens nichts davon wissen. Schade, aber Körper und Geist erholen sich auf diese Weise im Schlaf. Wobei ... nach so einer Krokodiljagd durch die ganze Schule hat man eher das Gefühl nun erst mal zum Ausruhen ins Bett zu müssen. Gute Nacht!

Wie kommt der Strom in den elektrischen Aal?

Wir haben uns umgehört und gleich **zwei Sachen** erfahren:

1. Der Zitteraal heißt zwar Aal, ist aber gar keiner und
2. der Strom kommt auch nicht von außen in ihn hinein.

Das müssen wir uns unbedingt etwas genauer ansehen.

Der Zitteraal gehört nicht zu den Aalen, sondern zu den **Neuwelt-Messerfischen.** Aber er ähnelt den Aalen mit seinem bis zu zweieinhalb Meter langen, braunen und schlangenähnlichen Körper sehr. Davon hat er seinen Namen bekommen. Und jetzt wird er – egal, ob falsch oder richtig – von allen **Zitteraal** genannt.

Damit wäre das Namensproblem gelöst. Aber wie kommt nun der **Strom** in den Aal? Käme er von außen, dann müsste es so etwas wie Steckdosen oder Batterien im Wasser geben. Daran könnte der Fisch sich regelmäßig neu aufladen. Aber die gibt es natürlich nicht.

Der Zitteraal muss den Strom also selbst herstellen. Das macht er **in** seinem Körper. In den so genannten elektrischen Organen. Die haben sich aus Muskelzellen gebildet. Der Zitteraal besteht zum großen Teil aus solchen elektrischen Organen. Und deshalb kann er richtig viel Strom produzieren. Bis zu 600 Volt Spannung kann er erzeugen. Zum Vergleich: Eine einzelne Taschenlampenbatterie hat eineinhalb Volt.

Die elektrischen Organe bestehen aus ganz vielen flachen, sechseckigen Scheiben. In diesen Scheiben wird in einem ganz komplizierten Verfahren elektrische Spannung hergestellt. In jeder einzelnen Scheibe wird nur wenig Spannung erzeugt. Weil aber beim Zitteraal tausende dieser Scheiben hintereinander liegen, addiert sich ihre Spannung. So als würde man

!

ganz viele Batterien hintereinander stellen und alle der Reihe nach miteinander verbinden.

So viel Elektrizität herstellen zu können, hat einige Vorteile: Der Zitteraal verteidigt sich mit Stromschlägen gegen seine Feinde. Er kann aber auch seine Beute, Fische, Lurche und kleinere Säugetiere, damit lähmen. Das ist eine sehr hilfreiche Jagdwaffe. Mit kleineren elektrischen Stößen findet das Männchen außerdem sein Weibchen, grenzt sein Revier ab und orientiert sich im Wasser. Dieses kleine Elektrizitätswerk im Fisch ist also ganz schön praktisch.

Jetzt denkt ihr vielleicht: ***»Könnte man nicht ganz viele Zitteraale hintereinander klemmen und damit nachts ganze Städte beleuchten?«***
Hübsche Idee, nur funktionieren wird das leider nicht.

Warum dreht sich die Erde?

Wer wissen will, warum die **Erde** sich dreht, muss sich auf eine kleine Zeitreise begeben. Und die geht ungefähr 4,5 Milliarden Jahre zurück, in die Zeit, als unsere Erde entstand. Was damals wirklich passierte, weiß allerdings niemand – es war schließlich keiner dabei.

Aber es gibt anschauliche Modelle, mit denen Wissenschaftler versuchen, die Entstehung der Erde zu erklären.

Damals, vor 4,5 Milliarden Jahren, flogen große Mengen von Gas und Staub – überwiegend in derselben Richtung – um die Sonne. Wenn zwei Staubkörner zusammenstießen, dann klebten sie sich aneinander. Kam noch eins dazu, haftete es sich auch an, und so ging es immer weiter. Der Staubklumpen wuchs. So ein Brocken hat eine Masse und die hat eine ganz bestimmte Eigenschaft: Sie übt Schwerkraft aus.

Die Schwerkraft wird auch Gravitationskraft genannt. Und diese Kraft macht etwas ganz Besonderes: Sie hält nicht nur den Staubklumpen zusammen, sondern sie zieht auch andere, kleinere Massen, das heißt andere, kleinere Staubklumpen, an. Das kann man sich so vorstellen, als würde ein großer Felsbrocken einen kleineren wie mit einem Magneten an sich heranziehen und dann mit ihm verschmelzen. Je größer so ein Brocken wird, desto mehr Masse hat er und desto größer wird die Anziehungskraft. So wuchs nach und nach der kleine Staubklumpen zu einem immer größeren Felsbrocken heran und daraus entstand schließlich der Planet Erde.

Jedes Mal wenn Staubteilchen oder später auch größere Gesteinsbrocken die entstehende Erde trafen, dann gaben sie ihr auch ein bisschen Schwung. Das kann man sich so vorstellen, als würde man mit Knetgummibällen auf einen Standglobus werfen. Jeder Ball bleibt am Globus haften und dreht ihn gleichzeitig mit seinem Schwung ein bisschen weiter. Die Erde bekam so ihren Drehimpuls.

Weil sehr viele Teilchen die Erde trafen, kam die Sache ganz schön in Schwung.

Die Erde drehte sich ziemlich schnell – schneller als heute. Vor 400 Millionen Jahren war ein Tag nicht wie heute 24, sondern nur 22 Stunden lang. Für eine ganze Drehung brauchte die Erde also zwei Stunden weniger. Entsprechend schneller rotierte sie um die eigene Achse.

Das Ganze ging natürlich nicht von heute auf morgen, sondern dauerte Millionen Jahre. Schluss war mit Wachstum und Anschieben der Erde erst, als in unserem

Sonnensystem Gas und Staub von der Sonne und den Planeten fast ganz aufgesaugt waren. Wo nichts mehr ist, kann auch nichts weiterwachsen.

Vor ungefähr vier Milliarden Jahren hat die Erde ihre heutige Größe erreicht. Auf der Erdoberfläche beträgt die Geschwindigkeit der sich drehenden Erde ungefähr 1600 Kilometer pro Stunde – davon merkt man aber nichts. Weil es im Universum kaum Widerstand oder Reibung gibt, braucht die Erde heute auch keine neuen Anstöße mehr, um sich in dieser Geschwindigkeit weiterzudrehen. Nichts stellt sich der Drehung entgegen – fast nichts. Denn etwas abgebremst wird sie doch. Der Mond »schleift« die Meere mit seiner Anziehungskraft über den Meeresboden. Ihr kennt das als Ebbe und Flut. Dabei entsteht **Reibung** und die **bremst die Erddrehung** tatsächlich ab. Außerdem schwappt das flüssige Innere der Erde wie ein mit Wasser gefüllter Luftballon, den man bewegt, und »wehrt« sich gegen die Erddrehung. Auch das bremst die Geschwindigkeit. Aber deshalb muss sich niemand sorgen: Die Erde wird sich noch Milliarden Jahre drehen, denn all das kann sie nur ein klitzekleines bisschen abbremsen.

Warum ist die Erde rund?

Ob die Erde wirklich rund ist, das ist erst einmal eine Frage der Sichtweise. Genau genommen ist sie nämlich nicht ganz rund, sondern an den beiden Polen etwas abgeflacht. So wie eine mit der Hand leicht zusammengedrückte Orange. Und wenn man ihre Oberfläche betrachtet, dann gibt es Berge und Täler. Aus der Nähe betrachtet sieht die Erde also nicht ganz glatt und rund aus. Aus der Ferne schon eher: Beim Blick aus dem Weltraum erscheint die Erde rund.

Schauen wir uns die Erde zunächst mal aus großer Entfernung an. Dass die Erde rund ist, hat – wie bei der Erddrehung – viel mit ihrer Entstehung zu tun.

Am Anfang, als sich die Erde aus vielen Staubkörnchen, Steinen und Felsbrocken bildete, war sie vermutlich gar nicht rund. Die Kugelform ist im Weltall nämlich kein Naturgesetz. Aber es gibt ein entscheidendes Kriterium dafür, dass etwas rund wird: die **Größe**. Ab 100 Kilometern Größe werden Himmelskörper rund. Und das funktioniert so: Wenn immer mehr Staubteilchen und Gesteinsbrocken zusammenkleben, dann wird ein Planet immer größer und bekommt immer mehr Masse. Durch die Masse steigt die Schwerkraft. Das ist die Kraft, die alles zusammendrückt und auch immer neue Gesteine anzieht. Das kennt ihr schon von der Erklärung zur Erddrehung. Die Schwerkraft drückt die Gesteine zusammen und dabei passiert etwas Besonderes: Es wird **warm,** ziemlich warm sogar.

Das ist auch bei der Entstehung der Erde passiert. Der Gesteinsklumpen wurde immer größer, die Schwerkraft drückte alles immer fester zur Mitte hin zusammen und so stieg durch den immer höheren Druck die Temperatur. Es wurde kochend heiß. So heiß, dass sogar Metall – bei der Erde vor allem Eisen – und Steine geschmolzen sind. Deshalb besteht die Erde heute auch aus einem flüssigen Kern und einer dünnen, festen Erdkruste.

Da die Erde also im Inneren flüssig ist, verhält sie sich ähnlich wie ein Wassertropfen: Sie strebt danach, möglichst **rund** zu sein. Bei der Erde liegt das an der Schwerkraft. Die Schwerkraft hält die Erde zusammen, weil sie alles zur Erdmitte zieht. Dabei soll möglichst wenig Energie eingesetzt werden. Die Kugelform ist für flüssige Körper die Form, bei der sie am wenigsten Energie aufwenden müssen, um »in Form« zu bleiben. Dazu ein Versuch: Nehmt einen mit Luft gefüllten Luftballon und zieht an seiner Hülle. Ihr merkt, um ihn aus der Form zu bringen, müsst ihr Energie, eure Muskelkraft, einsetzen. Lasst ihr wieder los, dann nimmt der Luftballon sofort wieder seine alte, runde Form an.

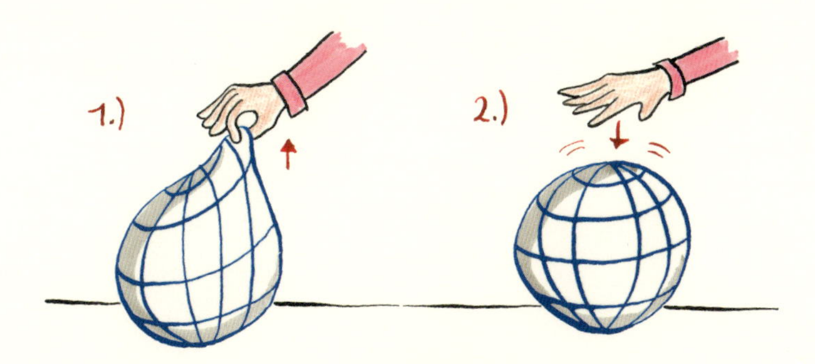

Die Kugel ist die geometrische Figur, bei der alle Teilchen ihrer Oberfläche ungefähr gleich weit vom Mittelpunkt entfernt sind. Im Gegensatz dazu sind zum Beispiel beim Würfel einige Punkte weiter angehoben, das heißt weiter vom Mittelpunkt entfernt als andere. Die Schwerkraft zieht also alles zur Erdmitte und deshalb ist die Erde rund.

Dass sie aus der Nähe betrachtet dann doch wieder wie eine leicht gedrückte Orange aussieht, liegt an einer zweiten Kraft: der Fliehkraft. Sie wird auch **Zentrifugalkraft** genannt. Wie die Fliehkraft wirkt, könnt ihr mit einem kleinen Eimer und etwas Wasser selbst testen. Füllt den Eimer mit ein bisschen Wasser und geht nach draußen (falls der Versuch nicht klappt, spart ihr euch damit eine Menge Ärger und Putzerei). Jetzt schleudert ihr den Eimer am ausgestreckten Arm möglichst schnell im Kreis. Ihr werdet feststellen, dass das Wasser auch dann nicht aus dem Eimer fällt, wenn sich dieser mit der Öffnung nach unten über euch befindet. Es ist die Fliehkraft, die das Wasser an den Boden des Eimers drückt. Weil die Erde sich dreht, gibt es auch hier die Fliehkraft. Sie zieht nach außen, gegen die Schwerkraft, die alles nach innen zieht. Weil die Fliehkraft umso größer ist, je weiter etwas entfernt ist, wirkt sie am stärksten am Äquator. Sie zieht ihn deshalb ein kleines Stück nach außen. In der Region der Pole wird die Fliehkraft schwächer, deshalb wird die Erde hier nicht so stark nach außen gezogen. Die Erde ist dort ein kleines bisschen flacher.

Die Fliehkraft ist aber viel schwächer als die Schwerkraft, und deshalb schafft sie es auch nur, die Erde ein bisschen zu verformen.

Wenn aber die Erde am liebsten eine Kugel sein will, warum gibt es dann Berge? Ehrlich gesagt sind die Berge aus Erdsicht ziemlich klein. Das heißt, im Verhältnis zur Größe der Erde sind die Berge nur winzige Beulen in der Kugel.

Also: Kleine Beulen und Abflachungen sind erlaubt, aber eigentlich ist die Erde wegen der Schwerkraft kugelrund.

Warum haben Hasen so lange Ohren?

Manche eurer Fragen hängen eng miteinander zusammen. In diesem Fall können wir zwei Fliegen mit einer Klappe schlagen: Bei der Beantwortung der Frage nach den langen Hasenohren kann man nämlich gleich erzählen, warum Kaninchen kürzere Ohren als Hasen haben.

Und damit sind wir auch schon mitten im Thema. Hasen und Kaninchen unterscheiden sich in ihrer Lebensweise erheblich. Das Kaninchen gräbt Gänge und Baue in den Boden, während der Hase auf freiem Feld lebt. Er duckt sich bei Gefahr in Mulden, während das Kaninchen in seinem unterirdischen Bau verschwindet. Wer sich im Boden vor seinen Feinden verstecken kann, hat es gut.

Wer das nicht kann, muss sehr gut **hören,** um früh genug vor den Feinden fliehen zu können. Da der Hase kein so gutes Versteck hat, muss er besser hören können. Und dafür braucht er lange Ohren. Sie funktionieren wie ein Trichter, der die Schallwellen einfängt und bündelt. Ein großer Trichter fängt mehr Schallwellen ein als ein kleiner Trichter. Deshalb hört der Hase mit seinen langen Ohren schon das kleinste Geräusch und kann früh genug flüchten oder sich flach auf den Boden drücken. Praktischerweise kann der Hase die Ohren auch noch unabhängig voneinander bewegen und in jede Richtung drehen, also rundum lauschen, ob Gefahr droht.

Die langen Ohren haben aber noch eine andere Aufgabe: Über sie regelt der Hase seine Körpertemperatur. Die Haut der Ohren ist sehr dünn und an den Innenseiten fast unbehaart. Durch ihr Gewebe ziehen sich große Blutgefäße. Wenn es dem Hasen zu heiß ist, kann er die überschüssige Wärme schnell über seine großen Ohren abgeben. An den langen Ohren kann man auch erkennen, woher der Hase ursprünglich kommt: aus heißen Regionen der Erde, den sommerwarmen Steppen in Ost- und Zentraleuropa. Hasen, die in kälteren Regionen leben, wie zum Beispiel der Schneehase, haben kürzere Ohren. Dadurch verlieren sie im kalten Winter weniger Körperwärme. Das Kaninchen dagegen kann sich bei zu großer Hitze in seinen kühlen Bau zurückziehen. Es braucht deshalb keine ganz so großen Ohren. Aber auch bei ihm funktioniert die Wärmeregulierung über die Ohren.

Eines ist bei Hasen und Kaninchen gleich: Die Ohren zeigen ihre **Stimmung** an. Hoch aufgerichtete Ohren bedeuten, dass das Tier sich sicher und wohl fühlt. Sind die Ohren angelegt, wittert es Gefahr, fühlt sich unsicher und ist fluchtbereit.

Warum regnet es?

Wenn es regnet, wird alles um uns herum nass, es bilden sich Pfützen und es kann sogar Überschwemmungen geben. Aber man kann Regen auch ganz einfach zu Hause in der Küche herstellen. Das glaubt ihr nicht? Stimmt aber.

Man braucht dazu:

1. einen Topf, am besten mit Glasdeckel
2. Wasser
3. einen Herd und
4. die Eltern (zur Sicherheit).

Füllt den Topf zur Hälfte mit Wasser, Deckel drauf und ab auf den Herd. Nun noch die Kochplatte auf die höchste Stufe einstellen und … warten und durch den Glasdeckel gucken.

Nach einiger Zeit bildet sich Wasserdampf. Er wird immer mehr und steigt immer höher. Bis zum Deckel des Topfes. Und dort entstehen Tropfen – Wassertropfen. Wie Regen fallen sie irgendwann vom Deckel wieder in den Topf.

Im Kleinen ist im Topf genau das passiert, was auch draußen vor eurer Haustür passiert: Es regnet.

In der Natur ist alles nur ein bisschen größer. **Wasser** gibt's reichlich: in Seen, in Flüssen, im Meer, im Boden, aber auch in den Blättern der Pflanzen. All das Wasser passt natürlich in keinen Topf – das wäre ein bisschen eng. Der Topf, das ist in diesem Fall die ganze Erde. Jetzt fehlt nur noch die warme Herdplatte. Dafür sorgt in der Natur die **Sonne**. Sie erwärmt den Boden, die Flüsse, die Seen, das Meer und die Pflanzen.

Wie im Topf verdunstet das Wasser durch Wärme. Es bildet sich Wasserdampf. Die warme Luft, angefüllt mit Wasserdampf, steigt nach oben in den Himmel.

Dass das wirklich funktioniert, könnt ihr an einer Pfütze überprüfen. Zeichnet den Rand einer flachen Pfütze auf Asphalt mit Kreide nach. Wenn ihr an einem sonnigen Tag nach einiger Zeit nachguckt, dann ist die Pfütze kleiner geworden. Ein Teil des Wassers ist verdunstet, das heißt, es ist als Wasserdampf in der Luft hochgestiegen.

Die Luft hat unterschiedliche Temperaturen. In der Nähe des Bodens ist sie am wärmsten; bei uns im Jahresdurchschnitt so zirka 10 °C. Würde man ein Thermometer in den Himmel steigen lassen, dann könnte man ablesen, dass die Luft immer kälter wird. In zehn Kilometern Höhe sind es ungefähr –50 °C. Dass die Luft immer kälter wird, ist wichtig für die Entstehung des Regens.

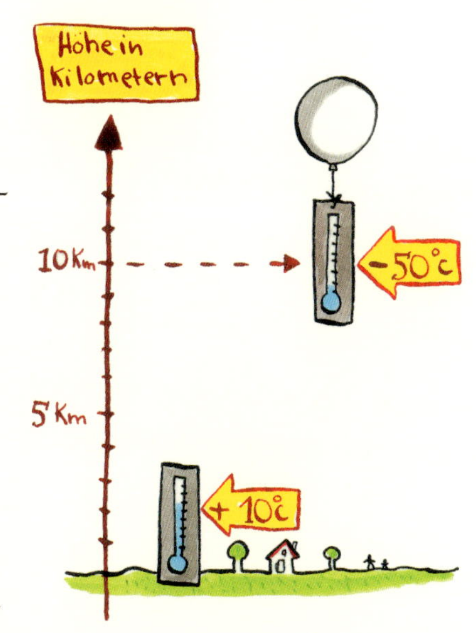

Um das zu verstehen, müssen wir noch einmal zurück zu unserem Wassertopf auf dem Herd. Der Wasserdampf ist auch hier hochgestiegen. Am Deckel hat er sich niedergeschlagen und Tropfen gebildet. Das liegt daran, dass der Deckel des Topfes kälter ist. Wird der Wasserdampf am Deckel abgekühlt, dann bilden sich aus dem Dampf wieder Tropfen. Man sagt auch: der Wasserdampf wird zu Tropfen verdichtet. Die Verdichtung wird auch Kondensation genannt. Kälte macht aus Wasserdampf also **Wassertropfen.** Eine Kleinigkeit fehlt dazu allerdings noch: Das Wasser muss sich an etwas festhalten können, damit aus Wasserdampf Tropfen werden. In diesem Fall sind es kleine Staubteilchen, an denen das Wasser kondensiert.

Im Winter könnt ihr das gut an euch selbst beobachten. Wenn ihr ausatmet, kondensiert die Feuchtigkeit eures Atems in der kalten Winterluft. Es bilden sich »Wölkchen« vor eurem Mund.

In der Luft passiert das Gleiche – nur weiter oben am Himmel: Wasserdampf ist aus der Pfütze, dem See, dem Meer, dem Boden oder der Pflanze verdunstet und aufgestiegen. Er steigt immer höher und kommt dabei in immer kältere Luftschichten. Die kalte Luft wirkt wie der Deckel des Topfes. Sie kühlt den Wasserdampf ab, der hängt sich an die Staubteilchen an und es bilden sich Tropfen. Kleine Tropfen zuerst. Das sind dann der Nebel oder die Wolken, die wir sehen können.

Eine Wolke kann riesengroß sein. Sie kann von einem Kilometer über dem Boden durchgehend bis zehn Kilometer in den Himmel reichen. Solche Wolken heißen Cumulonimbuswolken – ein schweres Wort. Einen Kilometer über der Erde ist die Temperatur der Luft im Sommer noch über 0 °C. Dort besteht die Wolke aus kleinen Wassertröpfchen. Oben, in zehn Kilometern Höhe, herrschen –50 °C. Dort sind die Tröpfchen zu **Eiskristallen** gefroren. Der Regen entsteht genau in der Region dazwischen: In dem Bereich der Wolke, wo die Temperatur zwischen 0 °C und –20 °C liegt. In dieser Schicht liegen Wassertröpfchen und Eiskristalle nebeneinander.

Eiskristalle wachsen in der feuchten Luft schneller als die Wassertropfen. Sie werden dadurch schwerer und schwerer. Schwere Teilchen fallen schneller nach unten, Richtung Erde, und sammeln unterwegs weitere Wassertropfen ein.
Auf ihrem Weg zur Erde tauen die Eiskristalle auf. Und zwar dann, wenn sie in Luftschichten kommen, die wärmer als 0 °C sind. Im Sommer ist das schon in drei Kilometern Höhe der Fall, im Herbst erst kurz über der Erdoberfläche, so ungefähr in einem Kilometer Höhe. Die geschmolzenen Eiskristalle sind nichts anderes als Wassertropfen: Regen, der vom Himmel fällt.

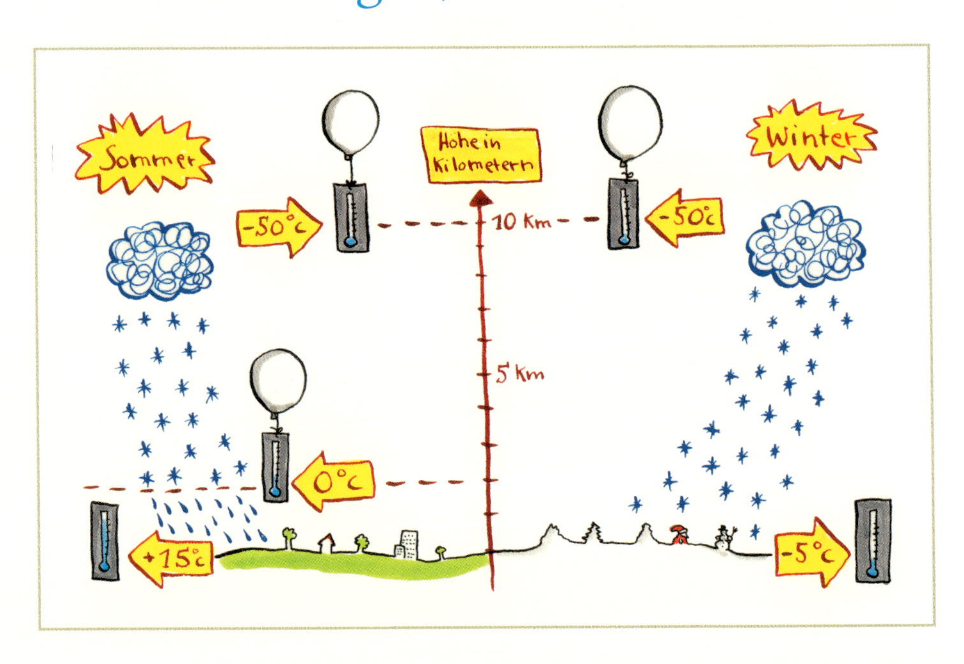

Nur im Winter, wenn die Temperatur der Luft bis zum Boden unter 0 °C liegt, behalten die Eiskristalle ihre Form und fallen als Schnee auf die Erde.

Regentropfen sind also Eiskristalle, die in der kalten Luft der Wolke entstehen und auf dem Weg zum Boden wieder auftauen.

Aber wie so oft gibt es keine Regel ohne Ausnahme. Manchmal geht's nämlich auch ohne Eiskristalle. Regen entsteht in einer Wolke auch, indem immer mehr Wasserdampf in die Luft steigt. Die Luft wird dadurch immer voller mit lauter Wassertröpfchen. Einige der Tröpfchen sind größer als die anderen und beginnen zu fallen. Auf ihrem Weg nehmen sie andere Tropfen mit. Es regnet. In unseren Breiten kommt dabei aber nicht mehr als Nieselregen heraus.

Also merken: Richtig dicke Regentropfen und Schnee entstehen nur aus Eiskristallen. Nieselregen, für den ihr nicht einmal einen Schirm braucht, kann sich auch aus Wassertröpfchen entwickeln.

So, Experiment beendet. Ihr könnt die Herdplatte wieder ausschalten und eure Eltern dürfen die Küche auch wieder verlassen.

Wie kommen die Löcher in den Käse?

Würden die Löcher mit einem Handbohrer in den Käse gebohrt, dann wäre die Frage schnell beantwortet. Aus, vorbei, Käse gegessen. Es würde sich allerdings eine neue Frage anschließen: Wer verschließt all die Bohrlöcher in der Rinde des Käses wieder? Von außen sind die Löcher im Käselaib nämlich nicht zu erkennen. Da es den staatlich geprüften Käselöcherverschließer nicht als Berufsbezeichnung gibt, können wir diese Lösung ausschließen.

Es hilft nichts, wir müssen an die Quelle der Löcherherstellung, in die Käserei. Am besten in eine, in der Emmentaler hergestellt wird. Der hat besonders große Löcher. Als Erstes stößt man in der Käserei auf große Bottiche voller Milch. Für ein Kilo Käse braucht man ungefähr 13 Liter Milch. Und weil hunderte Kilo Käse hergestellt werden, braucht man entsprechend viel Milch. Milch besteht vor allem aus Wasser, Fett, Eiweiß, Mineralstoffen und Milchzucker.

Die **Milch** muss zunächst gerinnen, das bedeutet eindicken. Wenn man frische Milch ein paar Tage lang stehen lässt, macht sie das von ganz allein. Aus Milch wird Quark. Man kann den Vorgang aber auch beschleunigen: mit **Bakterien** und **Lab**. Zuerst werden die Bakterien in die angewärmte Milch geschüttet und gleichmäßig verteilt. Bakterien lieben Wärme und vermehren sich so schneller. Als Nächstes kommt Lab hinzu. Lab ist eine Flüssigkeit aus dem Kälbermagen und sie dickt die Milch ein. Im großen Milchbottich dreht sich dabei die ganze Zeit eine so genannte Käseharfe. Darauf wird allerdings keine Käsehymne gespielt, sie dreht sich aus einem anderen Grund.

Durch Bakterien und Lab **gerinnt** das Eiweiß in der Milch. Das bedeutet, es schließt sich zu immer größeren Bröckchen zusammen. Dabei trennt sich die Flüssigkeit ab. Sie heißt Molke. Das geronnene Eiweiß soll aber nicht zu großen Klumpen werden. Deshalb zerschneidet die Käseharfe die Eiweißbröckchen immer wieder. Was man am Ende der Prozedur mit der Hand aus dem großen Bottich schöpfen kann, ist schon Käse. Er heißt Käsebruch und ähnelt dem Frischkäse, den man im Laden kaufen kann.

Frischkäse hat aber keine Löcher, die müssen also später in den Käse kommen. Mal sehen, wie es weitergeht. Als Nächstes wird der Käsebruch in eine Form gegossen. Die Wände der Form haben Löcher. Es sind Siebe, damit die Molke ablaufen kann.

In den Formen wird der Käse gepresst, sodass die Molke herausläuft. Nach 24 Stunden wird der fertige Käselaib aus der Form herausgeholt.

Der junge Käse nimmt nun sein erstes Bad, in Salzwasser. Das Salzbad lässt die letzte Molke austreten, verbessert den Geschmack, schützt den Käse vor dem Verschimmeln und führt dazu, dass er eine harte Rinde bekommt.

Und dann kommen die großen Käseräder in einen kühlen Keller. Dort reift der Käse mehrere Monate.

Hier im Käsekeller müssen wir bleiben, wenn das Rätsel um die Löcher im Käse endlich gelöst werden soll. Man kommt dem Geheimnis auf die Spur, wenn zwei Käseräder zum Vergleich angeschnitten werden: Ein junger, ungereifter und ein gelagerter, ausgereifter Emmentaler. Nach dem Ausschneiden sieht man, dass nur der reife Emmentaler Löcher hat.

Sie sind erst bei der Reifung in den Käse gekommen. Aber nicht von außen. Alles, was dafür nötig ist, ist schon im Käse drin. Das Wichtigste dabei: die Bakterien, die ganz am Anfang in die Milch geschüttet wurden. So sehen sie unter dem Mikroskop aus:

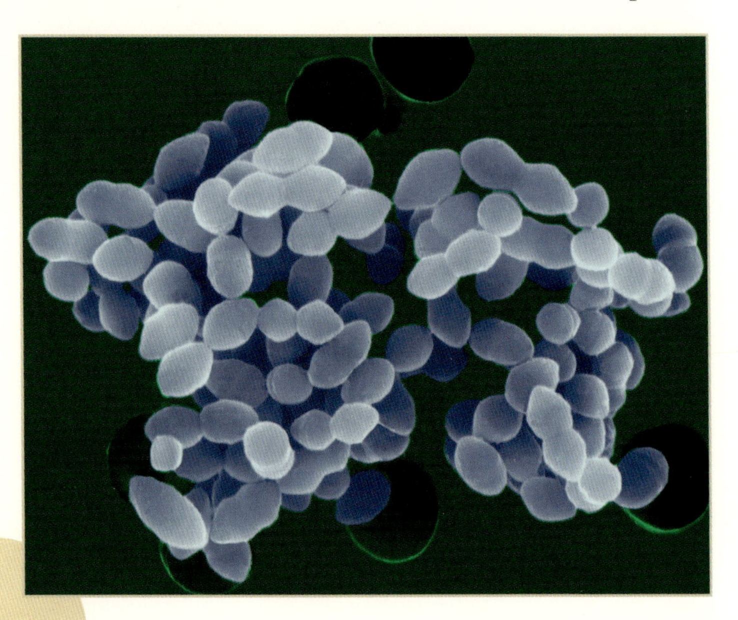

Die Bakterien ernähren sich von Milchzucker. Wenn sie den Milchzucker verdauen, dann kommt dabei unter anderem Kohlendioxid heraus. Das ist ein Gas. So wie der Sprudel in der Wasserflasche. Beim Wasser kann das Gas entweichen. Die Käsemasse ist aber so fest, dass das Kohlendioxid nicht mehr raus kommt. Es ist gefangen und bildet deshalb im Käse Blasen. Je mehr Bakterien im Käse sind, desto größer werden die Blasen. In einem Laib Emmentaler sind ungefähr 1 100 Blasen. Ganz schön verfressen, diese kleinen Bakterien.

Heißt Weingummi »Weingummi«, weil Wein drin ist oder weil man früher davon weinen musste?

Der letzte Teil der Frage kommt ausnahmsweise einmal zuerst: Wenn der Weingummi seinen Namen daher hätte, dass man davon weinen muss, dann würde sich vermutlich niemand freiwillig Weingummi kaufen. Und wahrscheinlich hätten dann längst alle Weingummihersteller Pleite gemacht. Da das aber nicht der Fall ist, kommt diese Lösung auch nicht in Frage.

Tja, ob Wein drin ist **...** jein! Richtiger Wein ist natürlich nicht in den Weingummis, denn dann wären sie für Kinder nicht erlaubt und auf jeder Packung wäre ein dicker Warnhinweis: **»Für Kinder und Jugendliche unter 16 Jahren verboten!«** Aber das steht nicht drauf, also kann auch kein Wein drin sein.

»Jein« heißt aber auch immer ein bisschen **»ja«.** Und das bedeutet in diesem Fall: Wein wird aus Weintrauben gemacht und etwas, was im Weingummi ist, das wird auch aus Weintrauben hergestellt. Es ist die Weinsäure. Die Weinsäure ist neben ein paar anderen Sachen wie Zucker, Gelatine, Wasser, Geschmacks- und Farbstoffen, im Weingummi drin.

Weinsäure ist, wie der Name sagt, sauer. Sie verändert aber nicht nur den Geschmack des Weingummis, sondern sie macht ihn auch länger haltbar. Und neben diesen beiden nützlichen Eigenschaften hat sie noch eine dritte: Man kann durch sie den Weingummi vom Fruchtgummi unterscheiden. In den Fruchtgummis ist nämlich meist **Fruchtsäure,** zum Beispiel Zitronensäure, während Weingummi Weinsäure enthält.

Also, ihr könnt beruhigt sein, Weingummi essen ist eine sichere Sache: Man muss weder weinen, noch wird man betrunken davon. Die einzige Gefahr bei Weingummis ist, dass man mit dem Essen einfach nicht mehr aufhören kann.

Warum können Schiffe schwimmen?

Wenn ihr jetzt gerade an einem Fluss, Meer oder See liegt und dieses Buch lest, dann ist alles ganz einfach. Für alle anderen empfehlen wir, schon mal die Badewanne einzulassen. Denn um zu klären, warum ein Schiff schwimmt, muss man ein paar Dinge ausprobieren, und dafür braucht man **Wasser.**

Zuerst ein kleiner Versuch vorneweg: Legt einmal nacheinander eine Feder, eine Münze, einen dicken Ast, ein Blatt und einen Stein auf die Wasseroberfläche und guckt, welche Dinge schwimmen.

Kann es am Gewicht liegen, dass manches vom Wasser getragen wird und anderes untergeht? Immerhin: Die Feder schwimmt und der Stein geht unter. Aber der schwere Ast wird vom Wasser getragen und die viel leichtere Münze versinkt. Und ein Schiff wiegt viel mehr als tausend Münzen und schwimmt trotzdem. Das Gewicht allein kann also nicht der Grund dafür sein, dass manche Dinge vom Wasser getragen werden und andere nicht.

Das könnt ihr ganz schnell mit einer guten Küchenwaage und Alufolie nachprüfen. Legt ein größeres Stück Alufolie auf die Waage. Es wiegt ungefähr vier Gramm. Faltet aus der Folie ein Schiff, so wie die Papierschiffchen, die ihr sicher kennt, und setzt es vorsichtig auf das Wasser. Das Schiff schwimmt. Nehmt es wieder aus dem Wasser, trocknet es ab und knüllt es ganz fest zusammen. So fest, dass keine Luft mehr dazwischen ist. Ihr könnt auch drauf herumtrampeln oder es mit einem Hammer platt klopfen. Die Aluminiumfolie ist jetzt eine flache Platte. Wenn ihr die auf die Waage legt, seht ihr, dass sie immer noch gleich viel wiegt wie die Folie am Anfang: zirka vier Gramm. Es ist ja auch kein Alu dazugekommen. Wenn ihr aber dieses platte Aluminiumstück auf das Wasser legt, dann geht es unter. Vier Gramm Aluminium können also schwimmen, aber auch untergehen. Das Gewicht allein kann deshalb nicht entscheidend dafür sein, ob etwas schwimmt.

Es kommt etwas anderes hinzu. Faltet noch einmal ein Schiff aus ungefähr vier Gramm Alufolie und stellt es neben die Aluminiumplatte. Man sieht sofort, dass das Schiff größer ist. Die Folie, die zum Boot gefaltet ist, umschließt viel mehr Luft. Man sagt auch, das Schiff hat ein größeres Volumen. Wird die Alufolie eng zusammengeknüllt, dann ist weniger Platz für Luft. Alles ist viel dichter.

Und genau hier liegt der Unterschied: Ob etwas schwimmt, hängt von seiner Dichte ab. Die Dichte ist das Verhältnis von Gewicht zum Volumen. Hat etwas

ein großes Gewicht, dann muss es auch ein großes Volumen haben, um vom Wasser getragen zu werden. Der Stein zum Beispiel hat für sein Gewicht ein zu kleines Volumen. Anders gesprochen: Er hat eine zu große Dichte, um zu schwimmen. Ist ja auch ganz schön kompakt, so ein Stein. Deshalb muss er aber leider untergehen.

Auch das Wasser hat eine bestimmte Dichte.
Und die Regel ist einfach: Alles, was eine geringere Dichte als Wasser hat, wird getragen und alles, was eine größere Dichte hat, geht unter.

Dass diese Regel stimmt, sieht man an den Schiffen. Ihr Gewicht ist groß, schließlich sind viele von ihnen aus Stahl wie zum Beispiel Tanker, Fähren oder Kreuzfahrtschiffe. Aber ihr Volumen ist auch sehr groß. Die Schiffbauer achten darauf, dass das Verhältnis stimmt. Je größer das Gewicht, desto größer muss das Volumen sein. Dann ist die Dichte des Schiffes kleiner als die von Wasser, und es schwimmt.

Wie schnurren Katzen?

Entsteht das Schnurren in der Katze wirklich mechanisch und was passiert genau, wenn man an ihrem Schwanz dreht? Wir haben es an einer Katze ausprobiert. So viel vorweg: Ihr solltet den Versuch nicht nachmachen. Die Katze hat nicht geschnurrt, dafür aber gebissen, gekratzt und dann das Weite gesucht.

Dass die Katze bei dem Experiment nicht geschnurrt hat, liegt daran, dass sie sich nicht wohl fühlte. Schnurren ist nämlich ein **Ausdruck des Wohlbefindens**.
Katzen schnurren auch, wenn sie friedlich gestimmt sind. Da wir die Katze verärgert haben, war sie eben alles andere als friedlich.

Katzen schnurren beim Ein- und Ausatmen. Das unterscheidet sie von ihren Verwandten, den Großkatzen, wie zum Beispiel Tigern oder Löwen. Die können das nur beim Ausatmen und es ist auch ein Brüllen und kein Schnurren mehr.

Beim Schnurren sind die Stimmbänder im Kehlkopf der Katze entspannt. Die Atemluft streicht über die lockeren Stimmbänder und bringt sie zum **Vibrieren.** Das heißt, sie bewegen sich schnell hin und her. Die Stimmbänder kann man sich wie die Saiten eines Kontrabasses vorstellen, nur dass sie innen im Kehlkopf, das heißt im Resonanzkörper, liegen. Das Vibrieren der Stimmbänder bringt die Luft im Kehlkopf zum **Schwingen.** Es entstehen Schallwellen. Da der Kehlkopf wie ein Resonanzkörper wirkt, werden die Schallwellen verstärkt. Wir hören sie als **Schnurrton.**

Die Katze atmet beim Schnurren oberflächlicher, aber dafür öfter. Normalerweise macht die Katze 24 Atemzüge pro Minute, beim Schnurren werden es 46 Atemzüge in einer Minute. Schnurren kann man nicht nur hören, man kann es auch fühlen, denn der ganze Katzenkörper vibriert mit.

Der Ton entsteht also in der Katze, und zum Schnurren bringt man eine Katze nicht, indem man ihr den Schwanz verdreht. Wir haben es getestet: Mit Streicheln kommt man schneller ans Ziel.

Zwischen einem Milchzahngebiss und dem Gebiss eines Erwachsenen gibt es einen großen Unterschied. In Zahlen ausgedrückt, heißt er: zwölf.

Zwölf Zähne hat das Erwachsenengebiss mehr als das eines Kindes. Und größer sind die Zähne auch. Mit sechs Monaten kommen die ersten Milchzähne und mit ungefähr zweieinhalb Jahren stehen 20 kleine Zähne im Kiefer. Und die bleiben dort auch erst einmal ein Weilchen. So um den sechsten Geburtstag herum geht es

dann los: Die ersten Zähne beginnen zu wackeln und fallen aus. Recht schnell wächst Ersatz nach, die zweiten, bleibenden Zähne.

Aber könnte man nicht einfach die ersten Zähne, die Milchzähne, ein Leben lang behalten? Das würde immerhin eine Menge Schmerzen beim **Zahnwechsel** ersparen. Leider nicht, denn wenn ein Kind wächst, dann wachsen alle Teile des Körpers, die Füße genauso wie der Oberkörper und auch der Kiefer. Und genauso wie man mit sechs Jahren nicht mehr seine ersten Schuhe tragen kann, weil sie viel zu klein sind, genauso kann man irgendwann seine ersten Zähne nicht mehr gebrauchen. Die wachsen nämlich nicht mit und sind für den größeren Kiefer irgendwann einfach zu klein. Deshalb fallen sie aus.

Dabei passiert etwas Interessantes. Ein Zahn besteht immer aus zwei Teilen: der Zahnkrone, das ist der obere Teil, den man im Mund sehen kann, und der Wurzel. Die sitzt im Kiefer und hält den Zahn fest.

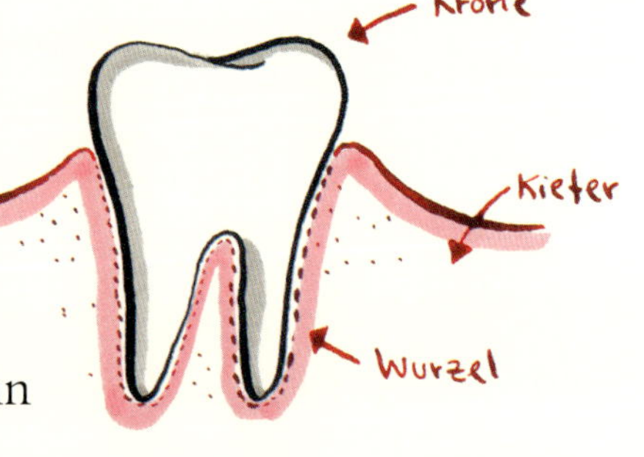

Guckt man sich einen Milchzahn, der nach tagelanger Wackelei endlich ausgefallen ist, näher an, dann sieht

man einen großen Unterschied: Der ausgefallene Zahn hat **keine** Wurzel mehr. Deshalb kann er sich im Kiefer auch nicht mehr festhalten.
Die Wurzeln des Zahns sind schon im Kiefer abhanden gekommen. Schuld daran sind diese kleinen Gesellen:

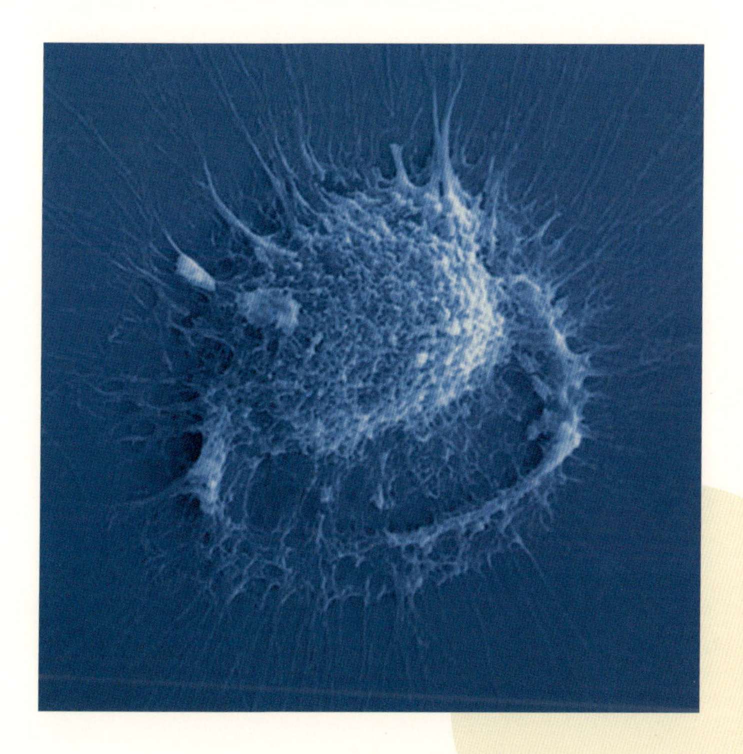

Das sind so genannte **Fresszellen.** Sie heißen Osteoklasten. Jetzt muss sich keiner Sorgen machen, dass diese Zellen die Wurzeln aller Zähne wegfuttern. Das kann nicht passieren. Sie sind zwar die ganze Zeit im Kiefer, aber bevor sie anfangen zu fressen, brauchen sie einen Anstoß. Den bekommen sie vom nachfolgenden, neuen Zahn. Der ist nämlich schon im Kiefer drin, wenn der Milchzahn ausfällt.

Wenn er groß genug ist, um den Platz des Milchzahnes einzunehmen, dann »stupst« er die Fresszellen an, und die machen sich über die Wurzel des Milchzahnes her. Dadurch wird er locker und fällt schließlich aus. Die zweiten, neuen Zähne sind nicht gefährdet, denn dritte Zähne warten nicht mehr hinter ihnen. Wo nichts ist, kann auch nichts die Fresszellen anschubsen.

Die Milchzähne fallen also aus, weil sie zu klein sind und im größeren Kiefer durch größere Zähne ersetzt werden. Weil der Kiefer viel größer ist, kommen auch noch zwölf zusätzliche Zähne dazu. Im Kindergebiss sind die Milchzähne aber ganz wichtig. Nicht nur zum Abbeißen werden sie gebraucht, sie halten auch den Platz für die zweiten Zähne frei. Hätte der Mensch während der ersten Lebensjahre keine Zähne im Gebiss, dann würde sich der Kiefer verformen und es wäre gar nicht genug Platz da, wenn die großen Zähne endlich wachsen. Ohne Zähne könnten die Menschen auch gar nicht richtig sprechen.

Milchzähne gibt es übrigens nicht nur bei Menschen. Auch Hunde, Katzen, Pferde, Kühe und viele andere Tiere haben sie und verlieren sie natürlich auch. Davon merkt man meist gar nichts, weil die Tiere die Zähne einfach herunterschlucken oder ausspucken.

Früher glaubte man, dass die Götter für Blitz und Donner zuständig wären. Wenn sie zornig waren, weil die Menschen irgendeinen Unsinn angestellt hatten, dann schleuderten sie Blitze vom Himmel und schickten ihr Grollen hinterher. Strafe muss schließlich sein – dachten die Menschen. Und das dachten sie lange.

Das Geheimnis, wie Blitze entstehen, konnte erst vor ungefähr 250 Jahren gelüftet werden. So viel vorweg: Mit Göttern hat die ganze Sache gar nichts zu tun. Früher nicht und heute auch nicht. Vielmehr mit **Elektrizität** und **Wolken**. Und zwar mit denselben Wolken, die auch für Regen zuständig sind und diesen komischen Namen haben, den man sich kaum merken kann:

Cumulonimbuswolken.

Aber weil es auch um Elektrizität geht, müssen wir vorab noch einen kurzen Schlenker machen.
Elektrizität kennt ihr von zu Hause. Steckt man einen Stecker in die Steckdose, dann leuchtet zum Beispiel eine Lampe, weil Strom fließt – elektrischer Strom. Wenn ihr in Schuhen mit Kunststoffsohlen über Teppich gelaufen seid und danach eurem Freund die Hand gebt, dann bekommt ihr manchmal einen kleinen elektrischen Schlag, einen Miniblitz sozusagen.
Strom kann also fließen: von der Steckdose zur Lampe und von euch zu einem Freund. Aber warum tut er das?

Das liegt an den Atomen.
Ihr erinnert euch? Das sind die kleinen Teilchen, die aus einem Kern und vielen darum kreisenden Elektronen bestehen. Während der Kern eine positive Ladung hat **(»+«)**, sind die Elektronen negativ geladen **(»–«)**.

Wie es sich mit positiver und negativer Ladung verhält, steht ausführlich auf Seite 43 bei der Frage »Wie kommt der Strom in die Steckdose?«.

Mit etwas Energie kann man die Elektronen aber aus ihrer Bahn werfen. Zum Beispiel durch **Reiben.** Reibt dein Schuh beim Gehen über den Teppich, dann entsteht Energie, die so stark ist, dass sie die Elektronen aus ihrer Bahn wirft. Auf einmal fehlen Elektronen im Atom. Das Atom hat plötzlich mehr positive als negative Ladung. Und dort, wo die Elektronen hingeflogen sind, ist nun ein Überschuss an **negativer Ladung** vorhanden. Da sich Atome aber am wohlsten fühlen, wenn die Ladungen ausgeglichen sind, wollen die Elektronen wieder zurückspringen. Und wenn sich die Gelegenheit bietet, dann tun sie das auch. Zum Beispiel von deiner Hand zur Hand deines Freundes. Bei dem Miniblitz zwischen euren Händen sind Elektronen geflossen und die positiven und negativen Ladungen haben sich ausgeglichen. Die Lage bei den Atomen ist nach dem Miniblitz wieder neutral.

In einer Gewitterwolke passiert im Prinzip das Gleiche. Aus der Erklärung zum Regen wissen wir, dass Wasserdampf von der Erde nach oben steigt. Oben in der Wolke kühlt er sich ab und es bilden sich Wassertröpfchen und Eiskristalle. Dabei kühlt sich wiederum die Luft ab und sackt in der Wolke nach unten. Von der Erdoberfläche kommt aber immer neue warme Luft nach und so ent-

steht in der Wolke ein Wind. Und dieser Wind ist nicht nur ein laues Lüftchen, es stürmt richtig. Dabei passiert eine Menge: Eiskristalle und Wassertropfen stoßen zusammen, reiben sich, einige Eiskristalle platzen und andere entstehen neu. Dadurch entsteht Energie. Die Energie, die nötig ist, um die Elektronen aus ihrer Bahn um das Atom zu werfen. Die Ladung in der Wolke teilt sich: Die negativen Elektronen sammeln sich überwiegend im unteren Teil der Wolke, die positiven Teilchen treffen sich überwiegend in ihrem oberen Bereich.

Je länger das Spiel geht, desto mehr Elektronen trennen sich ab und desto mehr von der negativen Ladung sammelt sich im unteren Bereich der Wolke. Und das,

obwohl die Atome den neutralen Zustand doch am meisten lieben. Also wird ein Ausgleich gesucht. Die Erdoberfläche ist unter der Wolke meist positiv geladen, und was passt besser als plus zu minus? Nichts! Also entlädt sich die ganze aufgestaute Spannung. **Strom** fließt zwischen Wolke und Erdoberfläche. Erst entsteht ein kleiner Blitz, ein sogenannter Vorblitz von der Wolke zur Erde, der eine Schneise durch die Luft schlägt. Von der Erde aus gibt es anschließend eine Entladung zurück zur Wolke und gleichzeitig den Hauptblitz, bei dem die negative Ladung von der Wolke zum Boden gelangt. So kommt es zum Ausgleich zwischen positiver und negativer Ladung zwischen Erde und Wolke.

Was man als **Blitz** sieht, ist glühende Luft. Bei dem Austausch der Ladungen wird so viel Energie frei, dass sich die Luft auf 30 000 °C erhitzt. Und weil die Luft im Inneren des Blitzes plötzlich so heiß wird, dehnt sie sich explosionsartig aus. Sie drückt die kältere Luft außerhalb des Blitzes zusammen. Dieses Zusammendrücken der Luft erzeugt Wellenbewegungen – Schallwellen. Es knallt. Auf der Erde ist dieser Knall als **Donner** zu hören. Weil Licht schneller als der Schall ist, sehen wir immer erst den Blitz und hören dann den Donner.

Blitze gibt es aber nicht nur von den Wolken zur Erde, sondern auch innerhalb einer Wolke oder zwischen den Wolken. Das passiert sogar viel öfter, als dass Blitze in der Erde einschlagen.

Wie weit ein Gewitter entfernt ist, könnt ihr ganz leicht berechnen. Zählt einfach die Sekunden zwischen dem Blitz und dem Donnern und teilt das Ergebnis durch drei. Die Zahl, die ihr erhaltet, gibt an, wie viele Kilometer das Gewitter entfernt ist.

Dass der Blitz zickzackförmig ist, liegt an der Luft. Sie ist kein besonders guter Leiter für Elektrizität. Trotz seiner hohen Energie kann der Strom nicht den direkten, geraden Weg zur Erde nehmen, sondern muss Umwege gehen. Dort entlang, wo gerade der geringste Widerstand in der Luft ist. Und diesen Weg zeigen die Zickzacklinien am Himmel.

Tja, vom göttlichen Einfluss auf Blitz und Donner ist nichts übrig geblieben. Aber weil die Menschen so lange daran geglaubt haben, gibt's immerhin noch kleine Überreste. Der germanische Donnergott »Donar« gab dem Donnerstag seinen Namen, was aber nicht heißt, dass es nicht auch freitags blitzen und donnern kann.

Wie tief kann ein Maulwurf graben?

Für so einen kleinen Kerl von 16 Zentimetern Länge ziemlich tief. Wie tief er genau gräbt, das hängt davon ab, ob man sich sein Gangsystem im Winter oder im Sommer anguckt, und auch davon, welchen Teil man betrachtet.

Der Maulwurf lebt fast immer unter der Erde. Deshalb hat er dort unten alles, was er zum Leben braucht – in

unterschiedlichen Höhen. Ziemlich tief liegt sein **Hauptnest, der Kessel.** Er befindet sich ungefähr 50 bis 80 Zentimeter unter der Erde und ist mit Laub und Moos gepolstert – schön kuschelig, sein Wohnzimmer sozusagen. Hier schläft er und das Weibchen bringt in diesem Nest ihre Jungen zur Welt. Oft hat der Maulwurf noch ein paar kleinere Nester darum herum, zum Wechseln. Die liegen ungefähr auf gleicher Höhe.

Alle Nester sind durch Gänge miteinander verbunden. Es gibt **Laufgänge** und **Jagdgänge.** Die Laufgänge verbinden die verschiedenen Bereiche. Sie haben geglättete Wände, damit der Maulwurf schnell hindurchkommt. In den Jagdgängen lauert er auf Beute. Sie sind ungeglättet und befinden sich oft knapp unter der Erdoberfläche, manchmal nur zehn Zentimeter tief. Im **Sommer** reichen sie meist nicht tiefer als 40 Zentimeter in den Boden.

Der Maulwurf ernährt sich von Insekten, Regenwürmern, Schnecken und anderen Kleintieren. Wenn er merkt, dass zum Beispiel ein Regenwurm in einen der Gänge gefallen ist, rennt er dorthin, um ihn zu fressen. Der kleine Kerl braucht ziemlich viel Futter am Tag. Er wiegt durchschnittlich 100 Gramm und frisst jeden Tag auch 100 Gramm Kleintiere, so viel wie sein eigenes Körpergewicht. Deshalb ist sein Jagdrevier groß. Sein Gangsystem ist insgesamt 200 Meter lang. Das ist nötig, damit der kleine Vielfraß genug Futter findet.

Läuft die Jagd gut, sammelt er Regenwürmer in seinen Vorratskammern, für schlechte Zeiten. Auch die Vorratskammern befinden sich knapp unter der Erdoberfläche.

Im **Winter** sieht die Sache etwas anders aus. Es gibt weniger Insekten und Kleintiere, und deshalb muss der Maulwurf tiefer graben, um genug Futter zu finden. Er folgt seiner Beute und die Jagdgänge reichen dann bis in eine Tiefe von 120 Zentimetern.

Sein langes Gangsystem kann man auf Wiesen gut erkennen: an den Maulwurfshügeln. Bei seinen Bauarbeiten wirft er die überschüssige Erde auf die Wiese. Die Maulwurfshügel haben eine wichtige Funktion: Sie dienen dem Maulwurf zur Belüftung der unterirdischen Gänge. Ungefähr in der Mitte jedes Hügels liegt der Gang. Es macht deshalb keinen Sinn, diese Hügel platt zu klopfen. Der Maulwurf wirft sie ganz schnell wieder auf, schließlich braucht er frische Luft.

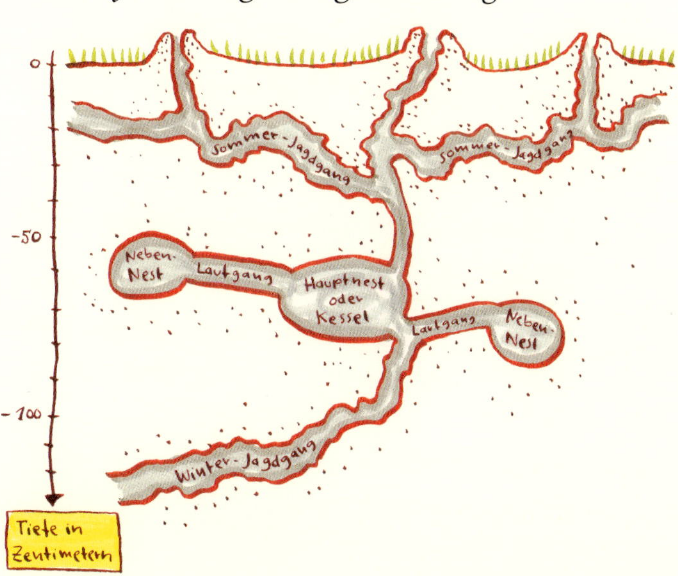

Warum stechen Mücken und wieso jucken Mückenstiche?

Eigentlich gehört zu den zwei Fragen noch eine dritte: »Warum werde immer nur *ich* gestochen?« Diese Frage beantworten wir auch, aber so viel vorweg: Ändern wird sich dadurch nichts.

Mücken stechen *nicht*, weil sie sich von Blut ernähren. Ihre Nahrung sind Nektar und Fruchtsaft. Sie stechen aus einem anderen Grund: Die Mückenweibchen benötigen Eiweiße, so genannte Proteine, um ihre Eier zu bilden. Blut enthält diese **Proteine.** Mücken brauchen also Blut, um Nachwuchs zu bekommen. Mückenmännchen bilden keine Eier, brauchen deshalb kein Blut und stechen auch nicht.

Mücken stechen nicht nur Menschen, sondern auch Säugetiere, Vögel, Reptilien (zum Beispiel Schlangen) und Amphibien (zum Beispiel Frösche). Hat eine Mücke ihr Opfer gefunden, dann bohrt sie ihren Saugrüssel in die Haut. Der Saugrüssel hat scharfe Klingen und in weniger als einer Minute hat die Mücke ihr Ziel erreicht: ein Blutgefäß. Damit man von der Bohrung nichts merkt, sondert die Mücke mit ihrem Speichel ein bisschen Betäubungsmittel in die Haut ab.

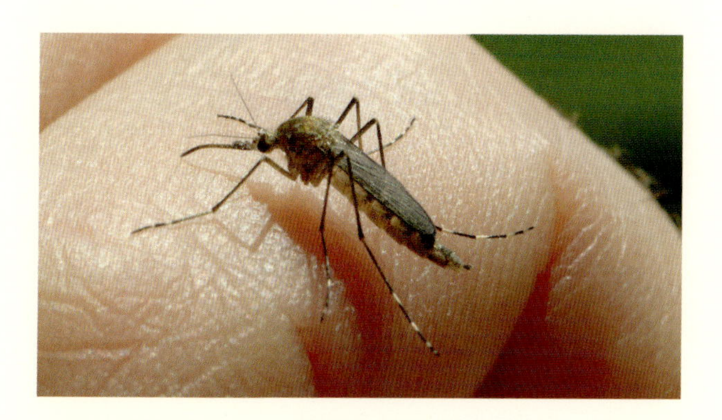

Der Speichel der Mücke hat aber noch eine zweite Funktion:
Ist die Mücke mit ihrem Saugrüssel am Ziel, dem Blutgefäß, angekommen, dann verhindert der Speichel, dass das Blut gerinnt. Das heißt, das Blut verklumpt nicht. So kann der Saugrüssel der Mücke nicht verstopfen. Der Speichel kann noch etwas anderes: Er erweitert das Blutgefäß. Das bedeutet, es wird an dieser Stelle größer. Dadurch strömt mehr Blut zur Einstichstelle und die Mücke kann schneller trinken. Nach ungefähr zweieinhalb Minuten hat sie genug Blut gesaugt und fliegt weg.

Der Stich **juckt** meist erst dann, wenn die Übeltäterin schon das Weite gesucht hat. Es juckt, weil das Abwehrsystem des Körpers den Mückenspeichel als Fremdkörper erkennt und bekämpft. Deshalb wird der Stich auch rot und schwillt an.

Es stimmt, dass Mücken manche Menschen ganz besonders gern stechen. Das liegt aber nicht daran, dass diese süßeres Blut haben (das gibt's nämlich gar nicht). Es liegt am **Geruch** und vielleicht auch an der **Körpertemperatur.** Manche Menschen sind nämlich ein kleines bisschen wärmer als andere. Und jeder Mensch riecht auch anders. Mücken stehen scheinbar auf ganz bestimmte Gerüche. Welche genau, das weiß man noch nicht, aber Schweiß und der Geruch verfaulender Bakterien sollen besonders anziehend wirken. Das klingt fies, aber wir schwitzen alle und Bakterien sind auch auf der Haut jedes Menschen. Menschen, die gestochen werden, sind deshalb nicht dreckiger. Man wird auch nicht weniger gestochen, wenn man sich ständig wäscht. Das würde höchstens kurzfristig nützen, denn der Körper produziert bald wieder seine typischen Ausdünstungen. Auch Mückenschutzmittel helfen deshalb nicht ewig. Unser Körpergeruch dringt immer wieder durch und die Mücke findet ihr Opfer mit großer Sicherheit.

Es gibt immerhin einen kleinen Trost für alle, die oft gestochen werden: Aus Mückensicht sind sie besonders wohl duftend.

Wer hat die Schule erfunden?

Die Frage ist nicht eindeutig zu beantworten. Es kommt nämlich darauf an, was genau man unter Schule versteht. Eine Schule mit Schulpflicht für alle Kinder eines Landes gibt es noch gar nicht so lange. Lernen mussten die Kinder jedoch schon immer. Aber in der Steinzeit gab es dafür keine Schule. Damals haben die Kinder alles, was sie zum Leben brauchen, von ihren Eltern gelernt: jagen, Beeren sammeln und einfache Werkzeuge herstellen.

Die ersten richtigen Schulen gab es vor ungefähr 5 000 Jahren. Bei den **Sumerern.** Das war ein Volk, das in Mesopotamien lebte. Mesopotamien heißt übersetzt »Zweistromland« und ist das Gebiet zwischen Euphrat und Tigris in Vorderasien. Der Irak und

Syrien liegen heute dort. Die Sumerer haben die Keilschrift erfunden und auf Tontafeln geschrieben. Füller und Papier gab es damals noch nicht, die Kinder gingen zur Schule in den Raum, in dem die Tafeln standen, das Tafelhaus: **»Edubba«.** Der sumerische Name für das, was wir heute Schule nennen. Bei den Sumerern lernten die Kinder nicht mehr nur von ihren Eltern, sondern von Lehrern. Es gab richtigen Unterricht und mehrere Fächer: Lesen, Schreiben, Mathe, Astronomie und Musik. Die Schule war das, was wir heute eine Ganztagsschule nennen. Und der Tag war damals für die Schüler lang: Elf Stunden mussten sie zur Schule gehen.

Von den **Griechen** haben wir den Namen der Schule übernommen. Sie nannten diesen Ort »scholé«. Ursprünglich bedeutete das Müßiggang oder Nichtstun. Es bedeutet aber auch »Muße«, das heißt, sich Zeit nehmen, zum Beispiel zum Nachdenken. Das musste man dort in der Schule nämlich auch. Außer Schreiben, Lesen und Rechnen gab es Fächer wie Philosophie, Dichtkunst, Geschichtsschreibung und Redekunst. Auch Sport wurde damals ganz groß geschrieben. Zur Schule gingen vor ungefähr 3 000 Jahren aber längst nicht alle Kinder der Griechen. Nur die Söhne von reichen Griechen konnten sich das leisten. Also, Schule gab's zwar, aber längst nicht für alle.

Die **Römer** übernahmen die Idee der Schule von den Griechen vor ungefähr 2 500 Jahren. Kinder zwischen

sieben und elf Jahren gingen in die Elementarschule. Sie lernten dort lesen, schreiben und rechnen. Das Ganze ging aber sehr langweilig und superstreng zu. Die Kinder mussten Buchstaben und Silben stur auswendig lernen, und wer nicht gehorchte, bekam Schläge. Nur die Kinder der reichen Römer gingen danach weiter zur Grammatikerschule. Hier lernten sie Grammatik und lasen Gedichte.

Mit dem Zerfall des Römischen Reiches und dem Siegeszug der **Germanen** war auch mit Schule erst einmal Schluss. **Klöster** setzten die alte Tradition später wieder fort. Das war vor ungefähr 1 100 Jahren. Da gab es dann wieder Schulen. Neben lesen, schreiben und rechnen lernten die Kinder vor allem, gute Christen zu sein.

Die Schulpflicht haben die **Preußen** vor ungefähr 250 Jahren eingeführt. Nun mussten alle Kinder zur Schule gehen. Allerdings nur für drei Jahre. Danach hatten die Kinder der einfachen Bauern aus Sicht der damaligen Herrscher genug gelernt: Sie kannten die Bibel und konnten lesen, schreiben und rechnen. Nur die Kinder der Beamten sind weiter zur Schule gegangen.

Erst seit 1938 gibt es in Deutschland die gesetzlich festgelegte Pflicht zum Besuch der Volksschule. Nun durften und mussten alle Kinder acht Jahre lang zur Schule gehen. Es ging in den Schulen zwar immer noch wesentlich strenger als heute zu, aber das war der Beginn der Schule, wie ihr sie heute kennt.

Warum haben Zebras Streifen?

Es liegt nicht daran, dass eine weiße Pferdedame und ein schwarzer Pferdehengst ein Fohlen gezeugt haben. Es gibt zwar gescheckte Pferde, die haben dann schwarze und weiße Flecken, aber gestreift werden sie nie.

Und natürlich sind Zebras auch keine schwarz-weiß angemalten Pferde. Das ginge nicht, denn Zebras sind Wildtiere und halten gar nicht lange genug still.

Bleibt nur noch eins: Zebras haben ihre Streifen von Natur aus. Denn das Streifenmuster hat mehrere Vorteile. Ob diese Vorteile aber wirklich der Grund für die Streifen sind, wissen auch Experten nicht so ganz genau.

Hier sind **drei gute Gründe,** in der freien Natur Streifen zu tragen:

1. In Afrika lebt nicht nur das Zebra, sondern auch die **Tsetsefliege.** Die kann mit ihrem Stich die lebensgefährliche Schlafkrankheit übertragen. Insekten wie die Tsetsefliege haben Facettenaugen. Diese sind anders aufgebaut als das menschliche Auge. Einfarbige Tiere kann das Insekt gut sehen, aber Streifen sind mit Facettenaugen nicht klar zu erkennen. Die Tsetsefliege findet Zebras deshalb nicht so leicht und die Tiere bleiben von ihrem gefährlichen Stich verschont. !

2. Ein Zebra ist, aus der Nähe betrachtet, durch seine Streifen sehr auffällig. Das ändert sich aber, wenn in der Hitze Afrikas die Luft zu flirren beginnt und eine Gruppe Zebras etwas weiter entfernt im hohen Gras steht. Dann **verschwimmen die Streifen** mit dem Hintergrund und die Zebras sind kaum mehr zu erkennen. Die Streifen dienen also der Tarnung, um die Tiere vor Fressfeinden wie zum Beispiel dem Löwen zu schützen. !

3. Kein Zebra gleicht dem anderen. Wie der Fingerabdruck beim Menschen hat jedes Tier sein ganz **persönliches Streifenmuster.** Dadurch erkennt das Zebrafohlen seine Mutter, und jedes Tier in einer Herde weiß, mit wem es gerade zu tun hat. !

Man sieht, Streifen sind ziemlich praktisch. Ob das die Hersteller von Zahnpasta auf die Idee gebracht hat ...?

Wie kommen die Streifen in die Zahnpasta?

Beim Zebra haben die Zahnpastahersteller wohl nicht geklaut, denn die Streifen in der Zahnpasta sind alle ganz gleichmäßig breit und schwarz-weiß gestreifte Zahnpasta gibt es auch nicht.

Dafür aber viele andere Farben. Und damit es bunt gestreift vorne aus der Tube herauskommt, müssen die Farben erst einmal zur weißen Zahnpasta hinzugemischt werden. Weiße Zahnpasta mit roten Streifen besteht deshalb aus weißer Zahnpasta und rot gefärbter Zahnpasta.

Die Zahnpasta wird zunächst in die am hinteren Ende offene Zahnpastatube gefüllt, erst rot und dann weiß.

Aber müsste dann nicht zuerst nur rote und später nur weiße Zahnpasta vorne herauskommen? Wenn es in der Tube nicht einen speziellen Trick gäbe, dann wäre das genau so. Um hinter den Trick zu kommen, haben wir mal eine Zahnpastatube aufgeschnitten. Vorne unter dem Deckel ragt ein ungefähr zwei Zentimeter langes **Röhrchen** in das Tubeninnere. Ungefähr so weit, wie die rote Zahnpasta reicht.

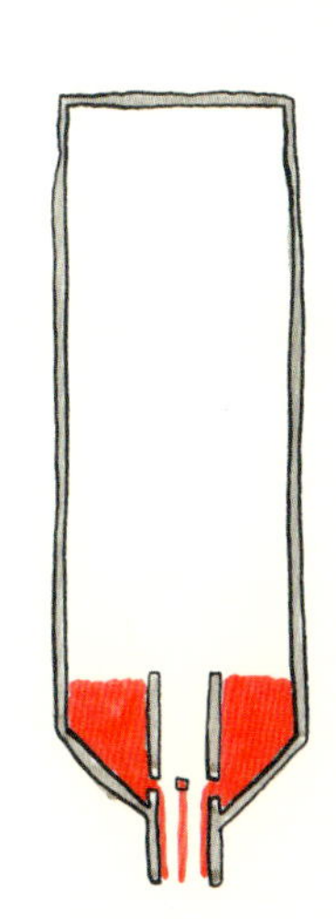

Guckt man sich das Röhrchen von vorne an, kann man noch etwas entdecken: Das Röhrchen besteht aus einer großen, runden Mittelöffnung, an deren Seite **schmale Gänge** verlaufen. Am Ende der Gänge sind kleine Löcher.

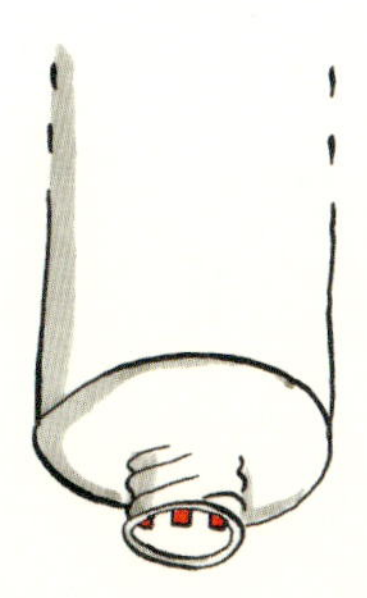

Die Löcher enden dort, wo die rote Zahnpasta in der Tube ist. Drückt man nun von hinten auf die Zahnpastatube, dann verteilt sich der Druck gleichmäßig. Deswegen kommt sowohl weiße Zahnpasta durch den großen Mittelkanal als auch etwas rote Zahnpasta durch die schmalen Gänge. Vorne am Ausgang vereinigen sich die beiden Farben zu einem gestreiften Strang.

Es gibt aber auch Zahnpastatuben, bei denen tatsächlich zwei oder drei verschiedene Zahnpastafarben gleichzeitig eingefüllt werden. Dann sind die Streifen nicht nur in dem Zahnpastastrang, der vorne herauskommt, sondern auch schon in der Tube.

Wie machen Spinnen ihr Spinnennetz?

Manche Menschen finden Spinnen ja richtig eklig. Guckt man sich Spinnen aber einmal näher an, dann sind zwar nicht alle schön, aber auch nicht eklig oder gefährlich. Im Gegenteil, Spinnen, die Netze bauen, ernähren sich von Insekten und sind für Menschen völlig ungefährlich. Und sie sind ungewöhnlich gute Baumeister. Ihr Netz ist eine fast unsichtbare, leichte und dabei sehr reißfeste Konstruktion. Sie fängt ihre Beute, die Insekten, damit direkt aus der Luft. Für das Tier, das sich einmal in ihrem Netz verfangen hat, gibt es kein Entrinnen mehr.

Meist baut die Spinne nachts ihr Netz.
Das hat drei Vorteile:

1. Nachts ist es kühler,

2. viele Feinde der Spinne schlafen um diese Zeit, und

3. wenn das Netz morgens fertig ist, dann klebt es noch schön, wenn die ersten Insekten durch die Luft fliegen.

Gucken wir einer Spinne einmal bei der Konstruktion ihres Netzes zu. Sie baut Radnetze, die einen **äußeren Rahmen, Speichen** wie bei einem Fahrrad und ganz viele innere **Spiralen** haben.

Als Erstes konstruiert die Spinne den Rahmen und die Speichen des Netzes. Der Faden, den sie zu einem Netz spinnt, wird in der Spinndrüse produziert. Die sitzt unten am Hinterleib der Spinne.

Die Spinne beginnt immer mit einem horizontalen Faden. Um ihn zu befestigen, gibt es zwei Tricks:

1. Die Spinne lässt einfach etwas Faden aus ihrer Spinndrüse und hofft auf einen Luftzug, der den leichten Faden zu einem Ast trägt. Dort klebt der Faden fest.

2. Die Spinne klebt etwas Faden an einen Ast und krabbelt dann den Ast herunter. Sie zieht dabei einen Faden hinter sich her und klettert am nächsten Ast wieder hoch. Dort befestigt sie das andere Ende.

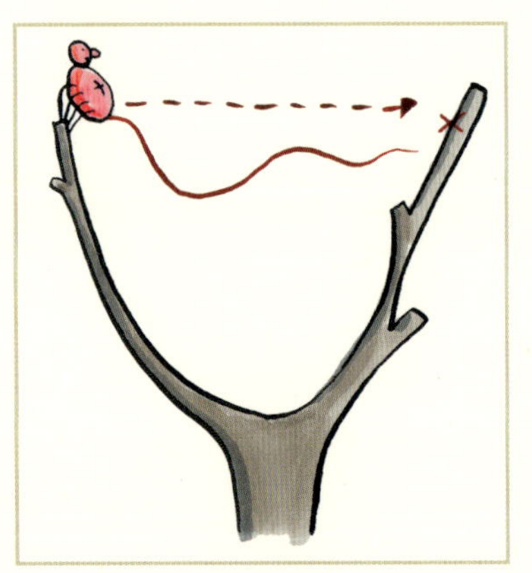

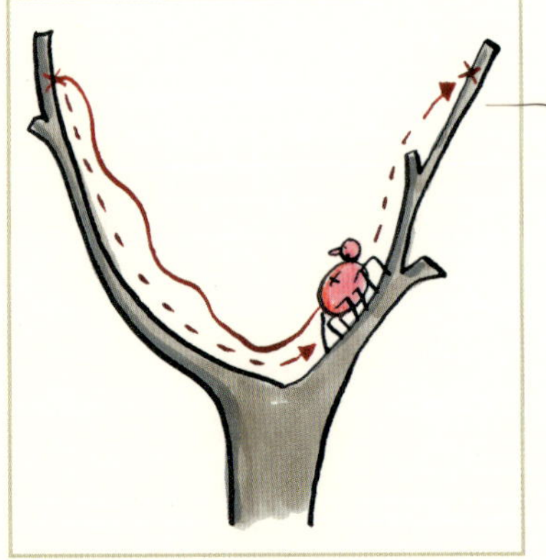

Als Nächstes krabbelt die Spinne auf diesem ersten, horizontalen Faden bis zur Mitte und zieht dabei einen neuen Faden hinter sich her. Mit den Vorderbeinen haspelt sie den alten Faden auf. Wenn sie in der Mitte angekommen ist, dann verbindet sie den neuen Faden mit dem alten Querfaden. Da sie beim zweiten Mal einen längeren Faden hinter sich her gezogen hat, hängt der Faden nach der Verknüpfung durch. Von der Mitte dieses Fadens seilt sich die Spinne ab. Wenn sie auf einen Ast trifft, klebt sie den Faden wieder fest. Jetzt steht das **Grundgerüst.** Es hat die Form eines Y.

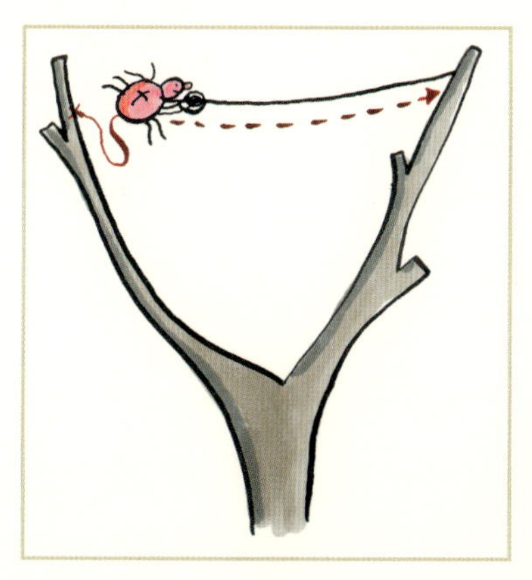

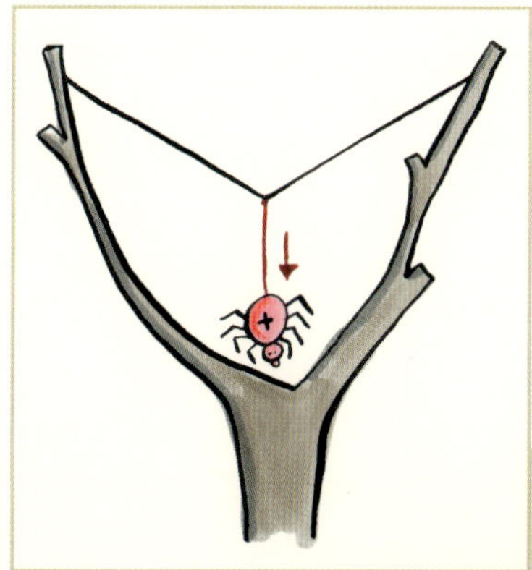

Nun kann die Spinne nach und nach alle Speichen und auch den Rahmen bauen. Eine Speiche entsteht zum Beispiel, indem die Spinne wieder von unten hochkrabbelt, einen Faden in der Mitte des Y festklebt und dann auf ihrem alten Faden zu einem der Äste klettert. Dabei zieht sie den neuen Faden hinter sich her. Der wird wieder am Ast befestigt und zurück geht's auf dem neuen Faden. Dabei zieht sie einen weiteren Faden hinter sich her. Den klebt die Spinne auf der Hälfte der Strecke an dem neuen Faden fest. Weiter geht es wieder durch die Mitte des Y und runter zur Astgabelung. Dort heißt es wieder festkleben. Ein neues Y ist entstanden.

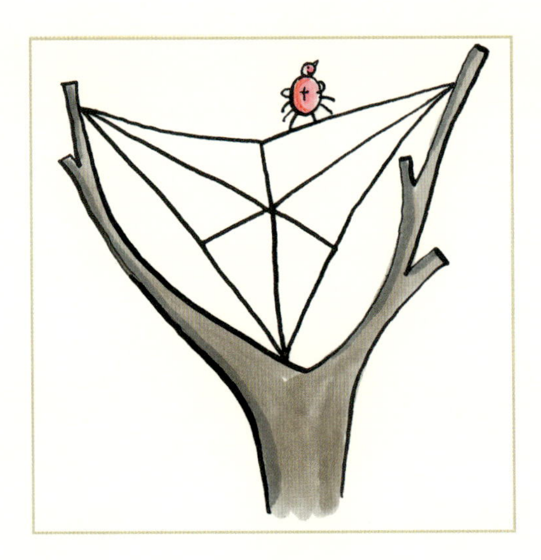

Nach dem Muster geht es nun immer weiter, es werden immer neue Y gebaut, bis das Grundgerüst steht.

Als Nächstes kommen die **Spiralfäden.** Dabei zieht die Spinne den Faden aus ihrer Drüse immer genau so weit, wie ihr Bein lang ist. Hat der Faden die richtige Länge, wird er an einer Speiche festgeklebt. Weil die Spinne immer ihr Bein als Metermaß nutzt, sehen die Netze so gleichmäßig aus. Das ist nicht nur hübsch anzusehen, sondern hat auch einen großen Vorteil: Weil die Fäden immer genau die Länge ihrer Beine haben, passt das Netz zur Größe der Spinne, und sie kann später problemlos darauf laufen, ohne hindurchzufallen. Deshalb bauen kleine, junge Spinnen kleine Netze mit geringen Abständen zwischen den Fäden und große Spinnen bauen große Netze. So konstruiert die Spinne nun Runde um Runde der Spiralfäden, bis das ganze Netz fertig gewebt ist.

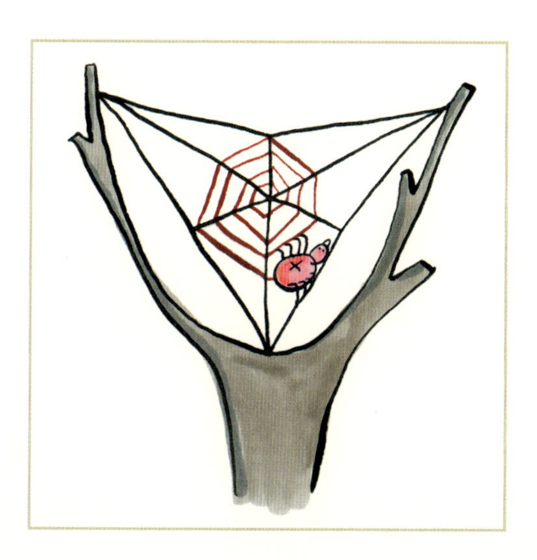

Damit die Insekten auch wirklich im Netz hängen bleiben, hat die Spinne noch einen ganz besonderen Trick: Aus einer speziellen Drüse sondert sie Leimtröpfchen ab, die sie auf den Spiralfäden verteilt. In der Mitte des Netzes und auf den Rahmen- und Speichenfäden ist kein Leim.

Wenn alles fertig ist, setzt sich die Spinne in die Mitte ihres Netzes. Deshalb darf dort auch kein Kleber sein. Jetzt heißt es für sie Ruhe bewahren und abwarten. Sobald sich ein Insekt im Netz verfangen hat, spürt die Spinne das mit ihrem sehr feinen **Tastsinn.** Sie läuft sofort zu ihrem Opfer und wickelt es in Sekundenschnelle in ihre klebrigen Fäden ein.

Die Spinne selbst verfängt sich nicht in ihren Netzen. Das hat zwei Gründe:

1. Sie hat ganz besonders geformte Füße. Die Spinne berührt ihr Netz nämlich nur mit drei kleinen Krallen, die wie Zangen um den Faden greifen. Dadurch kommt sie mit dem Leim nur mit einem winzigen Teil ihres Körpers in Kontakt und kann die Krallen problemlos wieder herausziehen. Die Krallen haben außerdem eine Hautstruktur, die nicht an Leim festklebt.

2. Die Spinne weiß, welche Fäden kleben, und benutzt überwiegend die Rahmen- und Speichenfäden zum Laufen. Sie werden deshalb auch **»Lauffäden«** genannt.

! Die Spinne baut alle drei bis vier Tage ein neues Netz. Ihr altes Netz lässt sie aber nicht einfach hängen. Es wäre viel zu schade um das wertvolle Baumaterial. Sie frisst das alte Netz auf und schon eine Stunde später ist das Baumaterial durch ihren Körper gewandert und wird zu einem neuen Faden versponnen.

So ein Netz kann aus insgesamt 20 Metern Faden bestehen und hat noch einen Vorteil. Die Feuchtigkeit der Luft setzt sich morgens als Tautropfen auf dem Netz ab. So hat die Spinne also eine Insektenfalle mit eingebautem Getränkeautomaten.

Erfindungen stellt man sich eigentlich immer so vor: Irgendein Gelehrter wandert unablässig in seinem Studierzimmer auf und ab, grübelt, probiert aus, verwirft die Idee wieder, probiert neu und am Schluss hat er den genialen Einfall und etwas Neues erfunden. Und wenn es für den Erfinder oder Entdecker gut läuft, dann wird das gute Stück sogar nach ihm benannt, wie zum Beispiel beim Otto-Motor (erfunden von Nikolaus August Otto) oder den Röntgenstrahlen (entdeckt von Conrad Röntgen).

Manche Dinge wurden aber nicht erfunden, sondern haben sich entwickelt. Die Sprache zum Beispiel und auch die Buchstaben haben sich über Jahrhunderte hinweg entwickelt.

Die erste Schrift gab es schon früh: bei den **Sumerern.** Das war vor ungefähr 5 500 Jahren in Mesopotamien (das lag in Vorderasien). Wer die Schule erfindet, muss sein Wissen schließlich auch weitergeben können, in Schriftform. Es war die Keilschrift und sie wurde in Tontafeln eingeritzt. Diese Schrift hatte aber einen ganz entscheidenden Nachteil: Sie bestand aus 600 Zeichen und war deshalb sehr schwer zu lernen. Die Zeichen waren überwiegend vereinfachte Bilder eines Gegenstandes, also zum Beispiel eines Hauses.

Es dauerte ungefähr 2 000 Jahre, bis die **Phönizier** eine viel einfachere Schrift erfanden, die als Vorläufer unseres Alphabets gilt: das semitische Alphabet. Semitisch heißt das Alphabet, weil das die Sprache der Phönizier war. Die Phönizier lebten dort, wo heute Syrien und Libanon sind. Ihr Alphabet bestand nur noch aus 22 Zeichen. Es waren alles Konsonanten. Vokale, wie **a, e, i, o, u,** gab es bei ihnen noch nicht. Und noch etwas Entscheidendes hatte sich verändert: Die Zeichen standen nicht mehr für Bilder, sondern für Laute. Ein Wort wurde von nun an aus mehreren Lauten zusammengesetzt und entsprach nicht mehr einem Bild. So ist das auch heute noch.

Also: »**Haus**« wird nicht mehr vereinfacht gezeichnet, sondern besteht aus den Buchstaben **H-A-U-S**. Alle Laute zusammen ergeben das Wort.

Die **Griechen** übernahmen vor knapp 3 000 Jahren dieses Alphabet. Aber sie änderten die Reihenfolge der Buchstaben, warfen einige, die sie nicht brauchen konnten, aus dem Alphabet und fügten andere hinzu, zum Beispiel Vokale. Vor 2 400 Jahren wurde in einem Gesetz erstmals festgelegt, wie das Alphabet fortan zu schreiben war und aus welchen Buchstaben es bestand. Es waren 24 Stück. Geschrieben wurde damals noch von rechts nach links.

Aus dem griechischen Alphabet entwickelte sich auch das römische Alphabet. Es hatte 21 Buchstaben. Die **Römer** sprachen Latein und deshalb heißt unser heutiges Alphabet immer noch lateinisches Alphabet. Wir haben es nämlich von den Römern übernommen. Die Römer legten fest, dass bei ihnen von links nach rechts geschrieben werden sollte. Deshalb machen wir das heute auch. Die Reihenfolge des Alphabets wurde seit den Römern nicht mehr grundlegend verändert. Die Buchstaben wurden nur noch den verschiedenen Sprachen angepasst und neue Buchstaben wurden einfach hinten angehängt. »**Y**« und »**Z**« kamen im Mittelalter dazu, das »**W**« stammt aus dem Germanischen. Damit man die Laute besser unterscheiden konnte, wurde das »**I**« noch durch das »**J**« und das »**U**« durch das »**V**« ergänzt. Unser lateinisches Alphabet enthält deshalb 26 Buchstaben. Die meisten davon werden überall in Europa benutzt. Es gibt aber in vielen europäischen Ländern Ergänzungen zu den einzelnen Buchstaben: Haken, Striche, Punkte und Kringel zum Beispiel. Sie kennzeichnen

Laute, die anders, zum Beispiel länger oder kürzer, ausgesprochen werden.

So sieht das **»vollständige« europäische Alphabet** aus:

a à á â ą ă ã å ä æ b c ç ć č d ď
e è é ê ě ę ĕ ë f g h ı ì í į ĭ î ï j
k l ł m n ń ň ñ o ó ô õ ö ő œ ø
p q r ř s ş ś š ß t ţ ť ð þ u ù ú û
ŭ ū ų ů ü ű v w x y ý z ź ż ž

Forscher der Universität in Cambridge haben übrigens etwas Interessantes herausgefunden:

Es ist zum Lseen gar nciht wcihitg, in wlehcer Riheenfogle die Buhcsteban in eniem Wrot sheten. Huaptsahce, der esrte und ltzete Buhcstbae snid an der rchitgien Sltele.

Warum haben die Menschen in Afrika schwarze Haut?

Die Frage müsste eigentlich anders herum lauten: Warum haben die Menschen in Europa weiße Haut? Denn der Mensch stammt ursprünglich aus Afrika und hatte eine schwarze Haut. Also, zuerst waren alle Menschen schwarz.

Ganz schwarz ist die Haut natürlich selten. So wie sie auch nicht ganz weiß ist, eher hell und dunkel. Bei der Haut der Menschen gibt es ganz viele verschiedene Töne, zum Beispiel rosa, gelb, weißlich, braun und fast schwarz.

Welche Farbe sie hat, das hängt davon ab, wie viele **Pigmente** sie enthält. Pigmente sind **Farbstoffe.** Melanin heißt ein wichtiger Farbstoff, der für die Hautfarbe verantwortlich ist. Das Melanin wird in den Hautzellen gebildet. Wie viel Melanin gebildet werden kann, hängt genau genommen von unseren Eltern ab. Es wird nämlich **vererbt.** Eltern mit sehr dunkler Haut vererben an ihre Kinder die Fähigkeit der Haut, viel Melanin zu bilden.

Aber auch Kinder dunkler Eltern kommen relativ hellhäutig zur Welt. Die Haut produziert das Melanin nämlich erst, wenn es gebraucht wird. Und sie benötigt die dunkle Farbe vor allem für eins: **als Schutz vor der Sonne.** Im Bauch der Mutter scheint keine Sonne, also ist auch kein Sonnenschutz nötig. Werden die Kinder im sonnigen Afrika geboren, dann wird in ihrer Haut viel Melanin gebildet. Die Haut färbt sich und wird nach und nach immer dunkler. Das ist sehr praktisch, denn Kinder mit sehr dunkler Haut brauchen deshalb keine Sonnencreme.

Dass sich später auch **Hellhäutige** entwickelten, liegt daran, dass die Menschen vor ungefähr 200 000 Jahren begannen, in Richtung Norden zu wandern. Je weiter sie in den **Norden** kamen, desto weniger intensiv war die Sonneneinstrahlung. Die schwarze Haut schützt zwar gut vor Sonne, hat aber auch einen Nachteil: Ist die Sonne nicht intensiv genug, kann dunkle Haut nicht genug Vitamin D bilden. Vitamin D ist aber für den Körper wichtig. Fehlt es, dann wachsen die Kinder nicht richtig und ihre Knochen verformen sich. Die helleren Typen hatten im Norden also einen Vorteil und deshalb wurden die Menschen in Europa hellhäutig.

Natürlich leben heute in Europa auch Menschen mit schwarzer und in Afrika auch Menschen mit weißer Hautfarbe. Und auch in den anderen Erdteilen geht es bunt zu. Das ist möglich, weil man heutzutage Vitamin D auch mit der Nahrung zu sich nehmen kann. Dunkelhäutige leiden auch in nicht so sonnigen Gegenden nicht mehr unter Vitaminmangel. Und in den heißen Regionen der Erde greifen alle Hellhäutigen einfach zur Sonnencreme, um ihre Haut vor Verbrennungen zu schützen.

Wir haben ziemlich viel herumtelefoniert, um diese Frage zu beantworten. Ganz genau konnte uns keiner sagen, warum die Weltwunder »Weltwunder« heißen. Aber wenn man sich anguckt, was alles zu den Sieben Weltwundern zählt, dann ergibt sich die Antwort eigentlich von allein.

Die klassischen Sieben Weltwunder sind:

1. Die Pyramiden von Giseh (Ägypten)
2. Die hängenden Gärten der Semiramis (Babylon, heute Irak)
3. Das Bildnis des Zeus (Olympia, Griechenland)
4. Der Tempel der Artemis (Ephesos, Türkei)
5. Das Mausoleum von Halikarnassos (Griechenland)
6. Der Koloss von Rhodos (Griechenland)
7. Der Leuchtturm von Alexandria (Ägypten)

Von den drei Pyramiden in Giseh gilt heute die **Cheops-pyramide** noch als Weltwunder. Sie ist das Einzige erhaltene der Sieben Weltwunder und besteht aus 2,5 Millionen Steinblöcken, die zusammen insgesamt 6,4 Millionen Tonnen wiegen.

Bei den **hängenden Gärten der Semiramis** waren auf verschiedenen großen Terrassen Gärten angelegt, in denen seltene Pflanzen wuchsen. Im trockenen Babylon war ein so großer, üppiger Garten etwas ganz Besonderes.

Zwölf Meter hoch war die Statue, die zu Ehren des **Gottes Zeus in Olympia** errichtet wurde. Neben vielen anderen Materialien wurden das wertvolle Elfenbein, 200 Kilo Gold und zwei faustgroße Edelsteine als Augen verarbeitet.

Dieser riesige **Tempel** wurde für **Artemis,** eine Tochter von Zeus, gebaut. Er war 105 Meter lang und so hoch wie ein Haus mit sechs Stockwerken. Das Dach wurde von 127 Säulen getragen, die 18 Meter hoch waren.

Das Mausoleum von Halikarnassos war das Grabmal des Mausolos. Es hatte für die damalige Zeit eine völlig neue und ungewöhnliche Bauweise und wertvolle Verzierungen. Das Grabmal war so beeindruckend, dass fortan wichtige Persönlichkeiten in einem Mausoleum beigesetzt wurden.

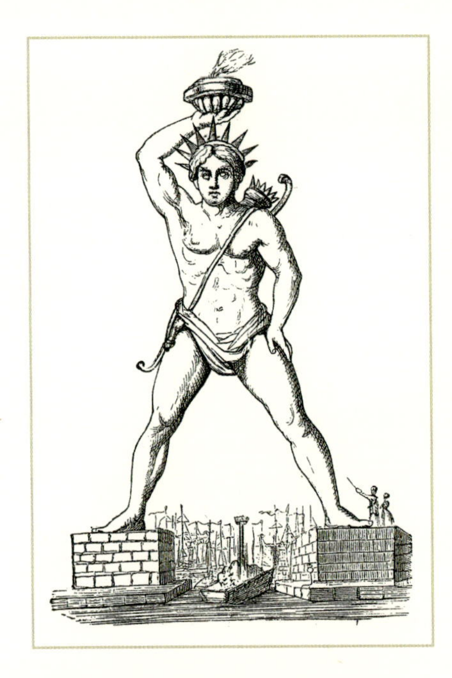

Ungefähr 32 Meter hoch war die Statue, die zu Ehren des **Sonnengottes Helios auf Rhodos** errichtet wurde. Jeder Finger der Statue war größer als ein Mensch und dick wie ein Baum. Insgesamt wurden zwölf Tonnen Bronze verarbeitet. Die Krone bestand aus reinem Gold.

Der **Leuchtturm von Alexandria** wurde erst später in die Liste der Weltwunder aufgenommen. Er ersetzte die Stadtmauern von Babylon, die zerstört worden waren. Er war der erste Leuchtturm der Welt. Der Leuchtturm war 130 Meter hoch und seine Außenwände bestanden aus Marmor.

Alle Bauwerke auf der Liste der Sieben Weltwunder waren ganz besonders groß und schön. Bei manchen von ihnen rätselt und **wundert** die Welt sich noch heute, wie Menschen sie damals überhaupt errichten konnten. Es waren **technische Wunderwerke.** Der Begriff »Weltwunder« passt also schon gut.

! Aber es kommt noch eine etwas andere Deutung hinzu. Antipatros von Sidon hat die Liste der Sieben Weltwunder vor gut 2 100 Jahren aufgestellt. Er schrieb damals eine Art Reiseführer und beschrieb darin die schönsten, größten und technisch erstaunlichsten Bauwerke. Er **bewunderte** sie also. Die damals **bekannte Welt** war noch nicht so groß. Es waren vor allem die Länder rund um das Mittelmeer. Dort, wo heute zum Beispiel Ägypten, Syrien, Libanon, Türkei, Griechenland und Italien liegen. Die Wunder waren aus dieser, ihm bekannten Welt, deshalb **Weltwunder.** Dass seine Welt viel kleiner war als das, was wir heute kennen, spielte keine Rolle. Es ist aber auch der Grund dafür, dass keine Bauwerke aus anderen Gegenden der heutigen Welt in der Liste aufgeführt sind, wie zum Beispiel das größte Bauwerk, das Menschen je geschaffen haben: die Chinesische Mauer.

Wie kommt der Sand an den Strand?

Um die Frage beantworten zu können, muss man den Sand am Strand erst einmal genauer unter die Lupe nehmen.

Dabei erkennt man,

1. dass der helle Sand vom Strand gar nicht nur aus hellen Körner besteht, sondern bunt ist, und

2. dass Sand eigentlich aus ganz vielen kleinen Steinchen besteht.

Die größten der kleinen Steinchen sind zwei Millimeter groß. Ungefähr so groß wie ein Stecknadelkopf. Alle Körner, die größer sind, werden Kies genannt. Die kleinsten

Körner sind gerade mal 0,063 Millimeter groß. Das ist ungefähr dreißigmal kleiner als ein großes Sandkorn. Alles, was noch kleiner ist, heißt Ton, ist also kein Sand mehr.

Sandkörner sind demnach kleine Steine.

Nun steht natürlich kein Bautrupp am Rande jedes Strandes und zerkleinert Steine.
Das funktioniert anders, und deshalb endet der Ausflug zum Strand an dieser Stelle schon und es geht weit weg, ab in die Berge.

Die Berge bestehen natürlich auch aus Stein, und wenn man sich so einen Teil eines Berges, einen Felsbrocken, unter dem Mikroskop anguckt, dann sieht man wieder ganz viele kleine Teilchen. Es sind Mineralien und Gesteinsstückchen.
Sie erinnern ein bisschen an die Sandkörner am Strand. Nur sind sie steinhart zusammengeschweißt. Und auch hier steht keiner hinterm Berg und zertrümmert den Berg Stück für Stück mit einem Presslufthammer, um Sand für den Strand herzustellen.
Den Presslufthammer hat die Natur. Und er funktioniert so: Die Steine, aus denen die Berge geformt sind, haben feine Risse. In diesen Rissen sammelt sich Regenwasser. Im Winter gefriert das Wasser und dehnt sich dabei aus. Es dehnt sich so stark aus, dass die Risse immer größer werden, wodurch sich noch mehr Wasser ansammeln kann, das wieder

gefriert. So lange, bis die Risse so groß sind, dass Teile der Steine abbrechen und den Berg hinunterkullern. Dabei springen Ecken und Kanten ab und die Steine werden kleiner und kleiner.

Einige der herabgekugelten Steine bleiben für immer in den Bergen, aber andere landen in Bächen und werden vom Wasser zu Tal gespült. Dabei reiben sie sich ständig aneinander, rubbeln weitere Ecken ab und werden immer kleiner. Irgendwann ist aus den Felsbrocken Kies geworden, und auch der wird immer kleiner gescheuert, bis aus ihm Sand geworden ist. Dieser Sand wird an der Mündung der Flüsse ins Meer gespült und mit der Strömung und den Wellen an die Strände weiterverteilt.

Welche Farbe der Sand hat, hängt ganz davon ab, aus welchem Gestein er entstanden ist. So besteht weißer Sand überwiegend aus einem Mineral, das Quarz heißt. Schwarzer Sand hat sich dagegen aus vulkanischem Gestein gebildet, aus Basalt. Hat der Sand einen rosa Farbton, dann ist viel Feldspat (auch ein Mineral) enthalten. Und die silbern glitzernden Teile im Sand sind das Mineral mit Namen Glimmer.

Der Sand hat, bis er so weich unter den Füßen und so knirschend zwischen den Zähnen endet, eine lange Reise hinter sich gebracht – über viele Kilometer und viele tausend Jahre hinweg.

Wie wird Seife gemacht?

Die Babylonier müssen ein reinliches Volk gewesen sein, denn schon vor 4500 Jahren ist es ihnen gelungen, Seife herzustellen. Die Sumerer haben 300 Jahre später das Rezept dafür aufgeschrieben: auf Tontafeln. Nehmen wir also einfach eine der alten Tafeln zur Hand und überprüfen die Zutatenliste. Viel steht da allerdings nicht drauf: nur **Fett** und **Pottasche.**

Früher wurde oft Tierfett oder Öl verwendet. Pottasche ist Asche, die mit Wasser in einem Pott – daher der Name – ausgewaschen wird. Dabei entsteht eine **Lauge.**

Nach demselben Grundrezept kann man auch heute noch Seife selbst herstellen. Da die Sache aber nicht ganz ungefährlich ist, sollte immer ein Erwachsener dabei sein. Der muss übrigens viel Zeit haben, denn die Herstellung von Seife zieht sich ziemlich in die Länge.

Also, als Erstes muss man Asche vom letzten Lagerfeuer mit warmem Wasser vermischen und etwas stehen lassen. Dann gießt man die ganze Brühe durch einen Kaffeefilter. Was unten heraustropft, ist Pottasche. Fertig ist die Lauge.

Statt Tierfett oder Öl nehmen wir **Kokosfett.** Das wird in einem Topf geschmolzen. Eine Flasche **destilliertes Wasser** aus der Drogerie und **Salz** brauchen wir gleich auch noch. Bevor es richtig losgeht, müssen alle Seifenhersteller noch eine Schutzbrille anziehen. Das heiße Fett könnte nämlich spritzen.

Das im Topf erwärmte Kokosfett lasst ihr am besten bei ausgeschalteter Platte auf dem Herd stehen. Die Lauge wird nun ganz vorsichtig unter Rühren zu dem warmen, aber nicht heißen Kokosfett geschüttet. Als Nächstes kommt ein bisschen von dem destillierten Wasser dazu und dabei muss weiter gerührt werden. Jetzt könnt ihr den Herd noch einmal anstellen. Die Mischung darf aber nicht kochen. Und nun heißt es Geduld beweisen: Erst bilden sich kleine Flocken. Nach einiger Zeit wird die Brühe gelb-braun. Sollte währenddessen zu viel Wasser verdampfen, muss zwischendurch immer wieder nachgefüllt werden. Natürlich ab und zu an das Umrühren denken. Ist die Brühe gelb-braun, dann kommt Kochsalzlösung dazu. Dafür vermischt ihr einfach Salz mit destilliertem Wasser, verrührt es gut und schüttet das Ganze in den Topf. Wieder rühren und nach gar nicht so langem Warten wird die Flüssigkeit trüb. Jetzt könnt ihr den Topf vom Herd nehmen, denn die Seife ist fertig. Das, was oben im Topf schwimmt, ist die Seife. Die könnt ihr abschöpfen und in einer schönen Form trocknen lassen.

Natürlich könnt ihr die Seife noch verfeinern, zum Beispiel mit Duftöl oder Kräutern. Dann riecht sie nach Pfefferminz oder Zitrone. Oder ihr legt Blütenblätter hinein, dann sieht sie schöner aus.

In der Fabrik unterscheidet sich die Produktion gar nicht so sehr von der Seifenherstellung zu Hause. Nur dass alles natürlich viel größer ist. In der Seifenfabrik wird nicht Pottasche, sondern **Natronlauge** verwendet. Das ist aber einfach nur eine andere Lauge. Die wird in riesigen Tanks mit flüssigem Kokosfett vermischt und erwärmt. Auch hier wird immer wieder gerührt und nach Tagen bildet sich zähflüssiger Seifenleim. Dann wird Kochsalzlösung hinzugegeben und dadurch trennt sich die Seife ab und schwimmt oben. Sie ist aber immer noch zu nass und kommt deshalb in einen großen Trockner. Danach wird sie geraspelt, geknetet, anschließend zu einem langen Strang gepresst und in einzelne Stücke geschnitten. Das sind solche Seifenstücke, wie sie bei euch im Badezimmer liegen.

Seife ist sehr praktisch: Sie wird aus Asche und Fett hergestellt und genau die Dinge kann man mit ihrer Hilfe auch wieder von seinen Händen waschen. Also, solltet ihr nach der ganzen Kocherei dreckige Hände haben, benutzt einfach eure selbst gemachte Seife.

Solltet ihr im April oder September zufällig mit dem Flugzeug nach Asien fliegen, dann lohnt sich über dem Himalaja, einem hohen schneebedeckten Gebirge, ein Blick aus dem Fenster. Während ihr gerade auf ungefähr 10 000 Metern Höhe dahinschwebt, fliegt neben euch vielleicht ein Schwarm der Vögel, die am höchsten von allen Vögeln fliegen können:

die Streifengänse. Sie fliegen natürlich nicht immer in diesen Schwindel erregenden Höhen, aber sie halten diesen Höhenrekord im Tierreich.

Dass diese Vögel so hoch fliegen können, hat einen ganz praktischen Grund: Die Streifengänse sind **Zugvögel,** das bedeutet, sie brüten an einem Ort und ziehen im Winter um, an einen anderen, wärmeren Ort. Denn nur dort finden sie auch im Winter genug Nahrung. Die Streifengans brütet in den Hochebenen Zentralasiens, in Tibet zum Beispiel. Zum Überwintern zieht sie in den Süden, nach Indien. Dabei muss sie den Himalaja überqueren, das höchste Gebirge der Erde, über 8 000 Meter hoch. Deshalb muss sie sehr hoch fliegen können.

In solchen Höhen wird der Sauerstoff in der Luft knapp. Die Streifengänse sind auch dafür gewappnet. Ihr Blut ist mit speziellen Blutkörperchen angereichert, mit deren Hilfe sie den Sauerstoff schneller aufnehmen und besser verarbeiten können. Sie sind also bestens gerüstet für ihre **Höhenflüge.**

Natürlich können nicht alle Vögel so hoch fliegen. Aber das ist auch gar nicht nötig. Denn wie hoch sie fliegen, hängt davon ab, wo sie leben und wovon sie sich ernähren. Wer, wie die Streifengans, sein Nest hoch im Gebirge baut, muss auch hoch fliegen können. Wer, wie zum Beispiel die Schwalbe, unter Dächern nistet und Mücken jagt, der muss sich nicht so hoch aufschwingen.

→ Jeder Vogel hat also seine ganz eigene Flughöhe.

Weltmeisterin im Höhenflug bleibt aber die Streifengans, dicht gefolgt vom Andenkondor aus Südamerika, der sich in Höhen bis 7 000 Meter aufschwingt. Er hält übrigens einen anderen Vogelweltrekord: Der Andenkondor ist der größte aller Vögel, die fliegen können.

Wenn man nachts schnarcht, warum wird man selbst nicht geweckt davon?

Zuerst ein bisschen Schnarchstatistik: Es schnarchen deutlich mehr Männer (60 Prozent) als Frauen (40 Prozent). Und Kinder schnarchen fast nie – außer sie haben zum Beispiel gerade Schnupfen.

Die typische Nacht eines Schnarchers könnte in etwa so aussehen: ins Bett gehen, Gute-Nacht-Küsschen, einschlafen, auf den Rücken drehen und ... schnarchen! Mal lauter, mal leiser, mit und ohne Pfeifgeräusche, da gibt es viele Varianten. Zwischendurch ist auch mal Ruhe. Dann wird wieder geschnarcht und morgens wacht der Schnarcher topfit auf.

Eine typische Nacht seiner Bettnachbarin: ins Bett gehen, Gute-Nacht-Küsschen, einschlafen, aufwachen, weil der Bettnachbar schnarcht. Abwarten, ob er aufhört, eindösen, wieder vom Schnarchen aufwachen, Bettnachbarn anstupsen, in der kurzen Ruhepause einschlafen, wieder vom Schnarchen geweckt werden, entnervt Ohrstöpsel holen, endlich wieder einschlafen, und morgens wacht die Bettnachbarin völlig gerädert auf und fragt sich, warum der Schnarcher bei seinem eigenen Lärm eigentlich so gut schlafen konnte.

Es kann auf jeden Fall nicht daran liegen, dass er das Schnarchen im Schlaf nicht **gehört** hat. Denn seine Bettnachbarin hat auch geschlafen und das Schnarchen trotzdem gehört. Menschen können also im Schlaf hören.

Der Schnarcher scheint sein Sägen aber zu **überhören.** Es gibt mehrere Gründe, warum man Geräusche in der Nacht überhören kann und deshalb nicht davon aufwacht:

1. Das Geräusch wird in einen **Traum** eingebaut. Man hört zum Beispiel das Weckerklingeln, träumt aber, dass eine Fahrradklingel geläutet hat, und schläft weiter.
2. Das Geräusch wird in einen **Reflex** umgeleitet. Wir hören ein Klingeln, wachen davon aber nicht auf, sondern strampeln mit den Beinen.

3. Das Geräusch ist bekannt und wird **ignoriert.** So hört man nach einiger Zeit auch laute Lkws nicht mehr, wenn man länger an einer befahrenen Straße wohnt. Man nennt das einen Gewöhnungs- oder Trainingseffekt.

! Die dritte Erklärung trifft auf den Schnarcher zu. Er hat sich mit der Zeit an seine eigenen Schnarchgeräusche gewöhnt und wacht davon nicht auf. Sein Gehirn entscheidet, dass dieses Geräusch nicht so wichtig ist, als dass der Körper geweckt werden müsste.

Es gibt allerdings auch Schnarcher, die von ihren eigenen Geräuschen geweckt werden, und solche, die morgens gar nicht fit sind.

Nun könnten sich doch die Bettnachbarinnen ebenfalls an das Schnarchgeräusch gewöhnen. Schließlich hat der Schnarcher es auch geschafft. Manchen von ihnen gelingt das auch tatsächlich und sie wachen nach einiger Zeit nachts nicht mehr von den Sägegeräuschen auf. Aber andere speichern das Schnarchgeräusch im Gehirn in der Gruppe der Geräusche ab, die sie stören. Und wenn einen etwas stört, dann wacht man leider davon auf.

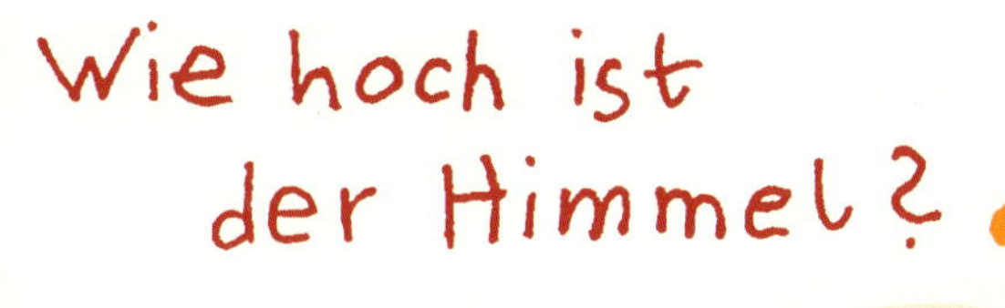

Wie hoch ist der Himmel?

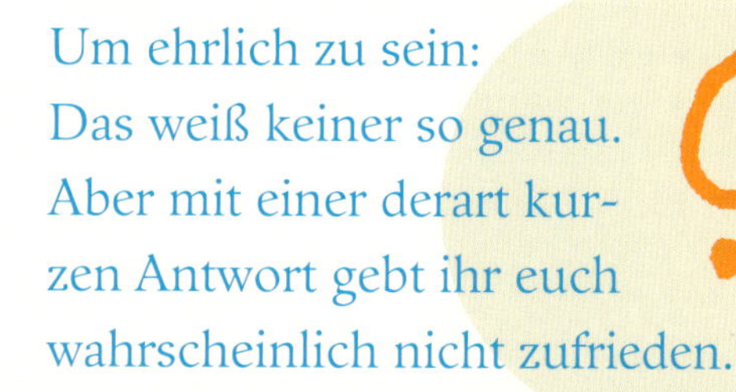

Um ehrlich zu sein:
Das weiß keiner so genau.
Aber mit einer derart kurzen Antwort gebt ihr euch wahrscheinlich nicht zufrieden.

Also versuchen wir, uns der Sache zumindest mal ein bisschen anzunähern. Von zwei Seiten:

1. indem man einfach in den Himmel guckt und
2. indem man den Himmel in Schichten aufteilt. So wie ein Haus mit ganz vielen Stockwerken. Die Stockwerke unterscheiden sich vor allem durch eins: die **Temperatur.**

Wenn man in den Himmel guckt, sieht man Wolken, Flugzeuge, Sterne und vieles mehr. Wie weit diese von der Erde entfernt sind, das weiß man. Also kann man daran auch ablesen, wie weit man gerade in den Himmel sieht.

Außerdem haben Wissenschaftler herausgefunden, dass sich die Temperatur in den verschiedenen Schichten des Himmels immer wieder ändert. Mal wird es kälter, mal wieder wärmer. In einer Schicht wird es also entweder immer kälter oder immer wärmer. Da, wo sich die Temperaturrichtung ändert, ist eine »Pause«. Das nächste Stockwerk beginnt darüber und jedes Stockwerk hat einen anderen Namen.

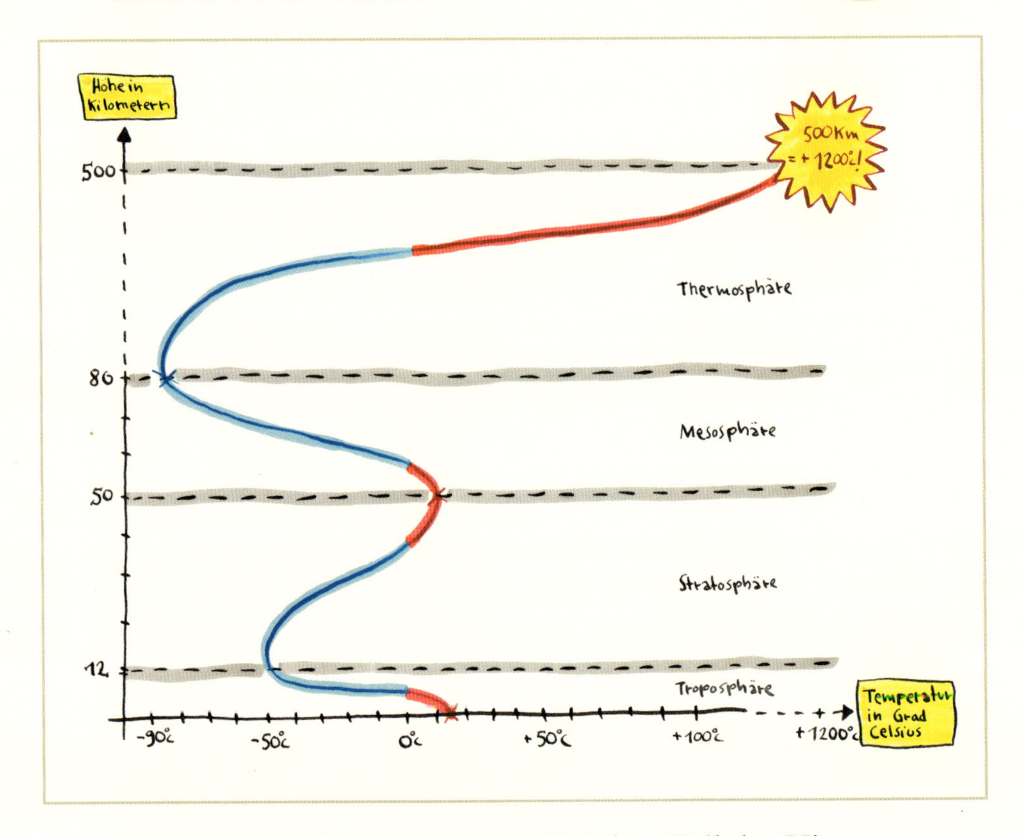

Fangen wir mal ganz unten an: Bei dem Teil des Himmels, der der Erde am nächsten ist. Das unterste Stockwerk heißt »Troposphäre«. Es reicht bis in eine Höhe von ungefähr zwölf Kilometern. In diesem Stock-

werk findet alles statt, was mit Wetter zu tun hat: Wolken, Regen, Blitz und Donner. In dieser Schicht nimmt die Temperatur von unten nach oben ab. Also, am Erdboden sind es zum Beispiel +15 °C und in zwölf Kilometern Höhe −50 °C. In der Troposphäre steigt die warme Luft nach oben und Wolken können sich bilden. Wer die verschiedenen Wolken kennt, der weiß auch, in welche Höhe des Himmels er gerade guckt. Cumuluswolken, auch **»Schönwetterwolken«** genannt, hängen tief am Himmel. So ungefähr zwischen ein und zwei Kilometern über der Erde. Seht ihr Schäfchenwolken, dann guckt ihr in eine Höhe zwischen zwei und sechs Kilometern. Cirruswolken, die wie ausgefranste Schleier aussehen, gibt es ab sieben Kilometern Höhe bis an den Rand der Troposphäre. Die Cumulonimbuswolke, die den Regen bringt, reicht von einem Kilometer über dem Boden bis zu zwölf Kilometern Höhe.
Regen gibt es also nur in der Troposphäre. Und hier liegt auch die Reiseflughöhe der großen Flugzeuge.

Das nächste Stockwerk heißt »Stratosphäre«. Es befindet sich in einer Höhe von ungefähr zwölf bis 50 Kilometern. Hier passiert etwas Interessantes: Die Luft wird wieder wärmer. Von −50 °C steigt die Temperatur auf ungefähr +10 °C. Das liegt daran, dass die ultravioletten Strahlen der Sonne, die wir nicht sehen können, aus Sauerstoff Ozon machen. Dabei wird ultraviolette Strahlung verbraucht und deshalb wird's da oben wieder wärmer. Deswegen können Wolken auch nicht höher steigen, denn warme Luft steigt nur auf, solange die Luft darum herum kälter ist. Also, am Ende der Troposphäre war für die Wolken Schluss. Andere schaffen es aber bis in die Stratosphäre: **Düsenflugzeuge** und **Wetterballons** zum Beispiel. Wenn ihr also den Kondensstreifen eines Düsenflugzeugs seht, dann schaut ihr in den unteren Teil der Stratosphäre.

Und weiter geht es hoch hinaus. Das nächste Stockwerk heißt »Mesosphäre«. Es liegt ungefähr zwischen 50 und 80 Kilometern Höhe. Hier wird es kälter, bis –90 °C.

Ab dem nächsten Stockwerk, der »Thermosphäre«, wird's nach und nach richtig heiß. Bei 80 Kilometern Höhe sind es noch –90 °C und in 500 Kilometern Höhe schon +1 200 °C. **Meteoriten** verglühen in dieser Luftschicht. Ihren Schweif, die »Sternschnuppen«, kann man manchmal am Himmel sehen. Das passiert in einer Höhe von ungefähr 150 Kilometern. **Satelliten** fliegen auch in diesem Stockwerk, 350 Kilometer über der Erde.

Über der Thermosphäre geht es langsam hinüber ins Weltall.

Aber das ist deshalb noch lange nicht das Ende der Fahnenstange. Aus dem All schickt die Sonne ihr Licht aus

zirka 150 Millionen Kilometern Entfernung. Der Planet Pluto ist ungefähr 5 900 Millionen Kilometer von der Erde entfernt. Und die Sterne, die wir abends am Himmel sehen, schicken ihr Licht aus mehreren Milliarden Kilometern Entfernung zu uns. Der Himmel ist, wenn man es so betrachtet, also sehr hoch.

Weil es noch keiner geschafft hat, an das Ende des Himmels vorzudringen, gehen wir davon aus, dass er unendlich ist.
Wie hoch unendlich ist, das weiß keiner so genau. Und deshalb stimmt die kurze Antwort vom Anfang dann leider doch wieder: Wie hoch der Himmel ist, das weiß keiner.

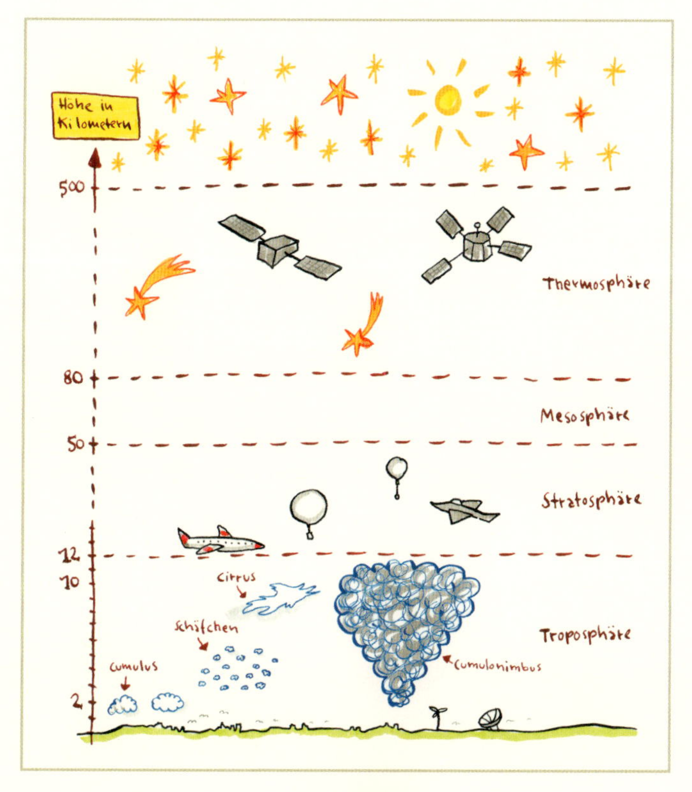

Warum werden die Blätter im Herbst rot und gelb, aber nicht blau?

Das liegt daran, dass in der Natur alles recht sparsam eingerichtet ist. Wir Menschen haben zum Beispiel nicht acht Beine wie die Spinnen, weil uns das nichts nützen würde. Wir wären dadurch nicht schneller, sondern würden eher stolpern. Auf so unnötigen Schnickschnack verzichtet die Natur deshalb meistens. Für die Blätter an den Bäumen bedeutet das, dass nur Farben in ihnen vorhanden sind, die der Pflanze auch nützen.

Blätter sind meistens grün und färben sich im Herbst rot, orange und gelb. Fangen wir mit **Grün** an. Der grüne Farbstoff heißt Chlorophyll. Er färbt das Blatt aber nicht nur grün. Das ist zwar eine schöne Farbe, wäre der Natur aber nicht nützlich genug. Das Chlorophyll muss deshalb noch etwas anderes können. Und tatsächlich macht es etwas sehr Wichtiges für den Baum: Es nutzt die Energie des Sonnenlichts und wandelt sie um. Mit dieser Energie, Luft und Wasser entsteht im Blatt mithilfe des Chlorophylls Zucker. Das nennt man Fotosynthese. Vom Zucker ernährt sich der Baum. Bei der Fotosynthese entsteht ganz nebenbei auch noch Sauerstoff. Den brauchen Menschen, Tiere und Pflanzen zum Atmen. Also, Grün ist nützlich und kann bleiben.

Kommen wir zu **Rot, Orange** und **Gelb,** den Farben, die man im Herbst sehen kann. Sehen können wir sie tatsächlich erst im Herbst. Sie sind aber schon die ganze Zeit im Blatt. Allerdings werden sie vom kräftigen Blattgrün völlig überdeckt. Auch diese Farben bestehen aus Farbstoffen, zum Beispiel aus Carotin. Er hilft dem Grün bei der Fotosynthese.

Andere Farbstoffe dieser drei Farben dienen dem Blatt als Sonnenschutz. Wenn die Sonne im Sommer richtig heiß und kräftig scheint, dann könnte das für das Chlorophyll zu viel werden. Nun kann sich ein Baum nicht mit Sonnencreme einreiben, um sich zu schützen.

Deshalb hat er eine andere Technik. Die Farbstoffe schützen das Chlorophyll vor zu viel Sonnenenergie und sichern so, dass es gut weiterarbeiten kann. Gelb, Orange und Rot haben also zwei Aufgaben im Blatt: Sie helfen bei der Fotosynthese und bilden den Sonnenschutz des Blattes.

Im Herbst werfen die Bäume ihre Blätter ab. Wenn sie dabei das ganze Chlorophyll mit wegwerfen würden, wäre das eine riesengroße Verschwendung. Deshalb wird es vom Baum abgebaut und in den Zweigen eingelagert, fürs nächste Jahr. Wenn das Chlorophyll aus den Blättern verschwunden ist, dann werden die Farben sichtbar, die den Rest des Jahres im Verborgenen wirken: Gelb, Orange und Rot. Die Farbstoffe, aus denen diese Farben bestehen, sind für den Baum leicht wieder herstellbar. Deshalb können sie im Gegensatz zum Chlorophyll im Herbst mit den Blättern vom Baum abfallen. Sie werden im nächsten Jahr neu gebildet.

Blau werden die Blätter nicht, denn diese Farbe ist für den Baum nutzlos, egal zu welcher Jahreszeit.

Wie heiß ist die Sonne und warum ist die Sonne heiß?

16 400 000° Celsius

Eine riesige Zahl und riesig heiß! 16,4 Millionen Grad Celsius, so heiß ist die Sonne in ihrem inneren Kern. Auf ihrer Oberfläche ist es im Vergleich dazu richtig frostig: Ungefähr 5 700 °C beträgt dort die Temperatur. Gut, verglichen mit den Temperaturen hier auf der Erde ist das immer noch gigantisch. Die meisten Menschen schwitzen schon bei 25 bis 35 °C, Wasser kocht bei 100 °C und Stahl wird im Hochofen

bei 1 700 °C geschmolzen. Alles kleine Zahlen im Vergleich zu dem, was in und auf der Sonne so los ist.

Die Sonne ist so heiß, weil dort dauernd neue Hitze erzeugt wird. Das funktioniert so: Die Sonne besteht aus Gasen. Den größten Anteil hat Wasserstoff mit ungefähr 70 Prozent. Gefolgt von Helium mit knapp 27 Prozent. Wasserstoffatome verschmelzen im Kern der Sonne miteinander zu Helium. Das nennt man **Kernfusion.** Wenn Atome verschmelzen, wird dabei ganz viel Energie frei. Die Hälfte davon wird bei der Sonne zu Wärme, die andere Hälfte wird zu Licht. Wenn die eine Hälfte der Energie, die zu Wärme wird, den Kern schon auf 16,4 Millionen Grad heizt, dann kann man sich vorstellen, wie groß die Leuchtkraft der Sonne ist.

Die Sonne ist ungefähr 4,6 Milliarden Jahre alt und ungefähr fünf Milliarden Jahre wird es dort noch Kernfusionen geben. Zeit genug, noch zwei schön große Zahlen auf sich wirken zu lassen:

Der Durchmesser der Sonne beträgt knapp
1400 000 Kilometer

und sie wiegt
2000000000000000000000000000000 Kilogramm.

Wie groß ist der kleinste Baum?

Tatataataaa!

Hier ist er: der kleinste Baum der Welt.
Er wächst in den Alpen.

Okay, etwas zu viel Alpen und zu wenig Baum. Wir müssen wohl etwas näher ran, so auf 2 500 bis 3 000 Meter Höhe.

Wie, immer noch nichts zu sehen? Gut, noch näher ran. Ist ja schließlich der kleinste Baum. Geht schon mal auf die Knie.

Wenn ihr jetzt noch den Kopf zum Boden runterbeugt, dann könnt ihr ihn endlich sehen.

Das ist der kleinste Baum: die Krautweide.
Wenn sie ausgewachsen ist, ist sie ganze zwei Zentimeter hoch. Nach 40 Jahren hat ihr Stamm einen Durchmesser von sieben Millimetern. Was über dem Boden zu sehen ist, ist aber sozusagen nur die Spitze des Eisberges, besser gesagt des Baumes. Der Rest wächst eingegraben im Boden. Dort ist es nämlich viel wärmer. So schützt die Pflanze sich vor dem eisigen Wind und der großen Kälte in diesen Höhen. Also, was aus der Erde rausguckt, ist ziemlich wenig vom Baum. Eigentlich, eigentlich ist er viiiiel größer, der Zwerg.

Warum haben Indianer meistens lange Haare?

Man glaubt es nicht, aber um eine Antwort auf diese Frage zu finden, mussten wir ziemlich lange herumtelefonieren. Und am Schluss hatten wir auch nicht eine Antwort gefunden, sondern zwei.

Alle, die sich näher mit Indianern beschäftigen, haben uns als Erstes gesagt, dass gar nicht alle Indianer lange Haare haben. In vielen Stämmen werden auch Kurzhaarfrisuren getragen. Von den **Irokesen** zum Beispiel. Bei ihnen werden die Seiten des Kopfes rasiert und nur in der Mitte bleibt das Haar stehen. Wie bei einer umgedrehten Bürste.

Die **Sioux-Indianer** aber haben lange Haare. Eine Frau, die lange bei Indianern lebte, erzählte uns, dass die Indianer sagen, in den Haaren säße die Lebenskraft und Lebensenergie. Wer seine Haare abschneidet, beschneidet auch seine innere Kraft.

Lange Haare sind aber nicht nur das Zeichen innerer Kraft, sondern auch ein Zeichen für Macht. Wer die längsten Haare hat, der ist am mächtigsten, also der Chef. Es gibt aber Fälle, in denen Indianer ihre langen Haare abschneiden. Zum Beispiel wenn sie um einen Verstorbenen trauern.

Die zweite Theorie sagt, dass es bei Indianern auch nicht anders ist als bei uns: Manche tragen lange, andere kurze Haare. Es hängt ganz davon ab, welche »Mode« der jeweilige Stamm bevorzugt. Dass heute viele Indianer lange Haare tragen, hat einen anderen Grund: Vor etwas über 100 Jahren wurden die Kinder der Indianer gezwungen, in Internatsschulen zu gehen. Das Erste, was dort mit ihnen gemacht wurde, war: Haare schneiden und waschen. Alle bekamen einen Kurzhaarschnitt ohne Rücksicht auf die jeweilige Kultur des Stammes. Als Zeichen ihres Ursprungs und als Reaktion auf diese Maßnahme begannen die Indianer, ihre langen Haare zu kultivieren. Langes, glänzendes, glattes Haar sagt: Und ich bin doch ein Indianer! Deshalb tragen heute auch Indianer lange Haare, die aus Stämmen kommen, die früher kurze Haare hatten.

Wie kommt die Mine in den Bleistift?

Blei-Stifte ... Wenn es nach dem Namen ginge, dann müsste Blei zum Schreiben in die Holzstifte eingefüllt werden. Im Mittelalter haben die Menschen tatsächlich mit Stiften aus einer Blei- und Silbermischung geschrieben. Die kratzten aber nicht nur ganz fürchterlich, sondern es war auch sehr ungesund, mit ihnen zu arbeiten. Blei ist nämlich giftig. Obwohl es nahe liegt, hat der Bleistift seinen Namen nicht von diesem mittelalterlichen Schreibwerkzeug.

Die Bleistiftmine besteht aus **Graphit, Ton** und **Wasser.** Vom Graphit hat der Bleistift auch seinen Namen. Das klingt zugegebenermaßen etwas komisch, ist aber trotzdem wahr. Vor knapp 450 Jahren fand man in England ein schwarz schimmerndes Mineral, das sich fettig anfühlte, sehr weich war und mit dem man schreiben konnte: Graphit. Graphit besteht aus Kohlenstoff. Das wusste damals aber noch keiner. Da das neu entdeckte Material den Bleierzen, die man schon kannte, ähnelte, nannte man die Stifte der Einfachheit halber: Bleistifte. Der Name kommt also tatsächlich von dem, was in der Mine enthalten ist, auch wenn es so gar nichts mit Blei zu tun hat.

Jetzt wissen wir aber wenigstens schon, dass das Graphit in der Mine die Farbe auf das Papier bringt. Fehlen noch Ton und Wasser. Weil Graphit allein viel zu weich ist, muss etwas in die Mine hinein, das sie härtet. Das macht der Ton. Ton ist eine bestimmte Sorte Erde, aus der man auch Teller und Tassen töpfern kann. Die sind nach dem Brennen auch hart.

Ton und Graphit werden zu Mehl gemahlen und vermischt. Dann gießt man Wasser hinzu, damit das Ganze ein geschmeidiger **Teig** wird. Der wird als Nächstes durch feine **Düsen** gespritzt. Das kann man sich vorstellen wie eine Spritze, aus der vorne ein langer, sehr dünner Strang des Graphit-Ton-Wasser-Teiges herausgepresst wird. Der Strang wird in immer gleichen Abständen abgeschnitten. Das sind schon die Minen.

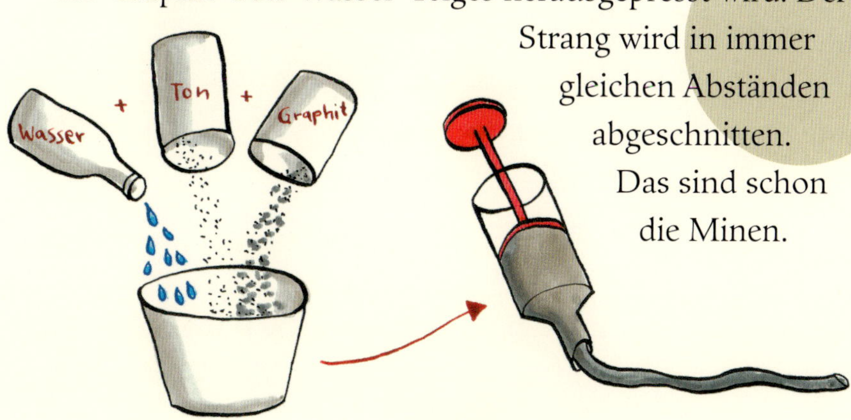

Allerdings kann man mit ihnen noch nicht schreiben. Denn die Minen sind noch weich und feucht und deshalb werden sie als Nächstes bei 160 °C getrocknet. Anschließend wandern sie zum Härten in einen 1 100 °C heißen **Ofen.** Der Ton in den Minen wird durch die Hitze hart. Nach dem Abkühlen kommen sie noch in ein Ölbad. Dadurch kann man besser mit ihnen schreiben. Die Mine ist schreibfertig. Jetzt fehlt nur noch das Holz drum herum.

Zedernholz eignet sich ganz besonders gut für Bleistifte. Es lässt sich gut schneiden und hat kaum Astlöcher. Dadurch kann man den Bleistift später problemlos spitzen. Es beginnt alles mit glatten **Brettchen** aus diesem Holz. Sie kommen als Erstes in eine Maschine, die nebeneinander neun kleine Rillen (für neun Bleistifte) in jedes Brettchen fräst. **Fräsen** heißt, sie schneidet Rillen in das Holz.

Als Nächstes kommt Leim auf die Brettchen und dann treffen sich Holz und Minen zum ersten Mal. Neun

Minen werden immer gleichzeitig in ein Brettchen gelegt. Jetzt haben wir also Brettchen mit Rillen und Minen drin. Fehlt nur noch der Deckel. Und der kommt von oben drauf. Ein zweites Brettchen, natürlich auch mit Rillen, wird auf das erste Brettchen gelegt, und beide werden so fest zusammengepresst, dass sie zusammenkleben.

Weiter geht es wieder durch Fräsen. Die erste Fräse schneidet die runde Stiftform heraus. Aber nur bis zur Hälfte des Brettchens.

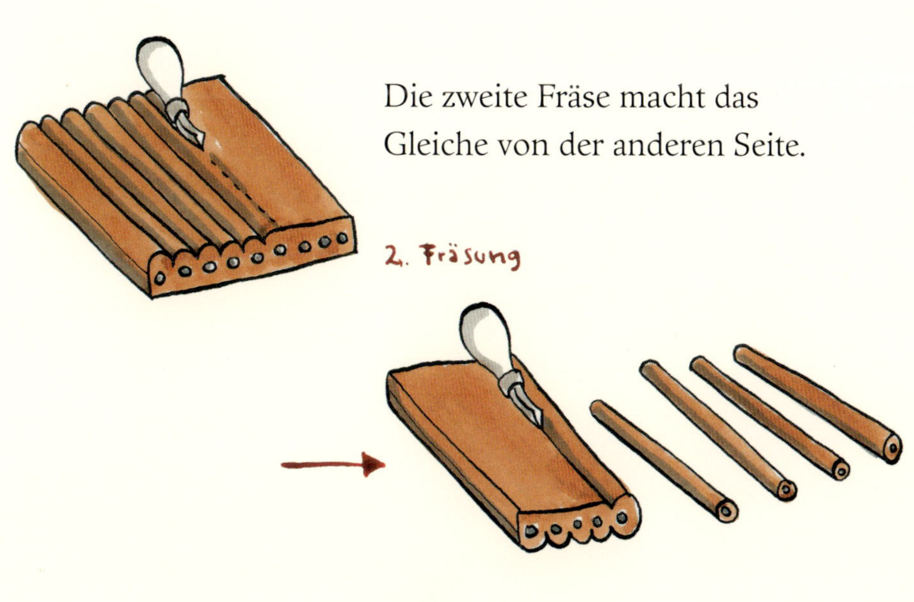

Die zweite Fräse macht das Gleiche von der anderen Seite.

Jetzt sind es endlich einzelne Stifte. Die werden noch lackiert, bekommen einen Stempel und werden zum Schluss auch noch angespitzt. Damit ihr gleich losschreiben könnt.

Auf dem Stempel steht neben dem Firmennamen noch etwas Wichtiges, nämlich ein Buchstabe und eine Zahl. Daran kann man ablesen, wie der Stift schreibt. Steht ein »H« darauf, dann heißt das »hart«. Die Mine enthält dann mehr Ton, schreibt härter und der Strich wird dünner. »B« kommt vom englischen Wort »black«, das heißt schwarz. In so einer Mine ist mehr Graphit, deshalb ist sie weicher und macht dunklere, breitere Striche. »HB« ist genau dazwischen. Die Zahlen zeigen an, wie hart oder weich der Stift ist. Je höher die Zahl, desto härter oder weicher ist der Bleistift. Also »9H« ist besonders hart und »9B« sehr weich.

Kurz zusammengefasst: Im Bleistift ist kein Blei, sondern Graphit, er heißt aber trotzdem so. Und die Mine kommt auch nicht in den Stift, sondern zwischen zwei Holzbrettchen. Am Ergebnis ändert sich aber nichts: Der Bleistift schreibt und wir hören damit jetzt auf. Punkt.

Wenn
unser Körper 37,3° Celsius
warm ist,
warum schwitzt man dann
schon bei 20–25° Celsius?

So komisch es klingt, Schwitzen hat erst einmal wenig mit der Außentemperatur zu tun. Das könnt ihr im Winter testen. Zieht nicht allzu warme Sachen an und lauft in der kalten Winterluft eine längere Strecke. Trotz der Kälte fangt ihr nach einiger Zeit an zu schwitzen. Ihr schwitzt, weil der Körper durch eure Bewegungen warm wird. Zu warm. Und deshalb muss euer Körper etwas für seine Kühlung unternehmen. Sein Trick: Er schwitzt.

Schwitzen ist nämlich die **Klimaanlage** des Körpers. Durch das Schwitzen reguliert er die innere Temperatur. Die sollte immer um die 37 °C betragen. Damit diese Temperatur gehalten wird, muss die Klimaanlage fast die ganze Zeit arbeiten.

Unser Körper produziert nämlich die ganze Zeit Wärme. Das liegt daran, dass wir die beim Essen aufgenommenen Nährstoffe im Körper verbrennen. Dabei entsteht die Energie, die so wichtig für jede Bewegung eines Muskels im Körper ist. Bei der Verbrennung entsteht aber auch ganz viel Wärme. Einiges davon braucht der Körper, um seine Temperatur auf 37 °C zu halten, manches von dieser Wärme ist aber auch zu viel.

Stellen die Temperaturfühler in der Haut fest, dass es im Körper zu heiß wird, dann melden sie das dem Gehirn, und das gibt den Befehl »schwitzen«. Jetzt sind die ungefähr drei Millionen Schweißdrüsen in den oberen Schichten der Haut gefragt. Sie sondern nun Wasser, vermischt mit einem klitzekleinen bisschen Salz und einigen anderen Stoffen, ab.

Der Schweiß kühlt den Körper, indem er auf der warmen Haut verdunstet. Das könnt ihr an euch selbst ausprobieren: Verreibt ein bisschen Wasser auf dem Arm und pustet darüber. Dort, wo das Wasser ist, empfindet ihr den Luftstrom kühler als dort, wo die Haut trocken ist.

Schwitzen dient also immer der Kühlung des Körpers. Die Anlässe für das Schwitzen sind aber ganz verschieden:

1. Die überschüssige Wärme, die bei der Verbrennung unserer Nahrung entsteht, muss raus.

2. Wenn wir uns bewegen, zum Beispiel beim Sport, wird unser Körper im Inneren wärmer. Auch diese Hitze muss raus.

3. Die Außentemperatur ist hoch und heizt unseren Körper auf. Um nicht zu überhitzen, schwitzen wir.

4. Wir haben Angst oder Stress. In diesem Fall sondert der Körper Angstschweiß ab. Das ist der Schweiß, der auch riecht. In ihm sind nämlich besondere Duftstoffe.

Manche Menschen schwitzen schon bei 20 °C. Diese Wärme von außen zusammen mit der Wärme, die ihr Körper in seinem Inneren produziert, reicht aus, um die Temperaturfühler anschlagen zu lassen. Es muss Schweiß abgesondert werden, damit der Körper nicht **überhitzt**. Man kann also bei 20 °C schon schwitzen, weil das Schwitzen nicht von der Außentemperatur gesteuert wird, sondern von der Körpertemperatur im Inneren des Körpers ausgelöst wird.

Da jeder Mensch eine eigene **Temperaturregulierung** hat, sind manchen Menschen schon bei 20 °C schweißgebadet und andere erst wenn das Thermometer auf fast 30 °C klettert. Aber schwitzen müssen alle, nur unterschiedlich stark.

Am meisten Schweißdrüsen haben wir in den Achselhöhlen, an den Fußsohlen und in den Handinnenflächen. Das sieht man nach dem Sport an den Flecken auf dem T-Shirt oder spürt es am feuchten Händedruck. Wer viel Sport treibt oder körperlich hart arbeitet, sondert bis zu fünf Liter Schweiß am Tag ab. Normalerweise schwitzen wir ungefähr einen Liter Schweiß pro Tag aus.

Schweiß ist übrigens gar nicht eklig und bis auf den Angstschweiß riecht er auch nicht. Er stinkt erst nach einiger Zeit, wenn Bakterien aus der Haut ihn zersetzen. Deshalb ein Tipp: Gratuliert dem Sieger eines Sportwettkampfes immer direkt nach dem Sieg. Dann ist er zwar klatschnass, aber noch wohl duftend. Einige Stunden später kann das ganz anders sein ...

Wie wird Glas hergestellt?

Lange bevor die Menschen herausgefunden hatten, wie man Glas herstellt, benutzten sie es schon. Das klingt ziemlich komisch, erklärt sich aber gleich. Glas kann nämlich auch in der Natur entstehen: bei Vulkanausbrüchen. Das Gesteinsglas aus Vulkanen ist dunkelgrün bis schwarz und heißt **»Obsidian«.** Schon in der Steinzeit fertigten die Menschen daraus Waffen und Werkzeuge. Obsidian hat nämlich einen großen Vorteil: Seine Kanten sind messerscharf wie der Rand einer Glasscherbe.

Dass Glas auch bei Vulkanausbrüchen entstehen kann, liegt daran, dass es aus nur drei Grundzutaten besteht. Sie kommen in der Natur häufig vor: **Quarzsand, Soda** und **Kalk.** Heiß muss es natürlich auch noch sein.

Seit mindestens 5400 Jahren können die Menschen Glas auch selbst herstellen. Das Rezept ist einfach: Man nehme viel Quarzsand, etwas Soda und Kalk und mische alles. Diese Mischung nennen Fachleute »Gemenge«. Das Gemenge wird in einem Ofen bei ungefähr 1 500 °C geschmolzen. Der heiße Brei ist bereits flüssiges Glas. Er heißt Schmelze. Gießt man diese Glasschmelze nun auf eine feuerfeste Unterlage und rollt es mit einer Art großem Nudelholz aus, dann hat man schon eine fertige Glasscheibe. So ähnlich wurden Fensterscheiben früher hergestellt.

Heute wird Fensterglas nach dem so genannten »Floatverfahren« hergestellt. »To float« ist Englisch und heißt »obenauf schwimmen« oder »schweben«. Und genauso funktioniert es auch. Zuerst wird eine große Wanne mit heißem, flüssigem Zinn befüllt. Dann werden die Zutaten für Glas im Ofen geschmolzen. Zu Quarzsand, Soda und Kalk kommt hier noch Dolomit dazu. Dadurch sinkt die Schmelztemperatur. Ist alles geschmolzen, leitet man das 1 100 °C heiße, flüssige Glas in die Wanne mit dem flüssigen Zinn. Die beiden Flüssigkeiten haben eine unterschiedliche Dichte und vermischen sich deshalb nicht. Das flüssige Glas schwimmt oben auf dem Zinn. Es »**floatet**«.

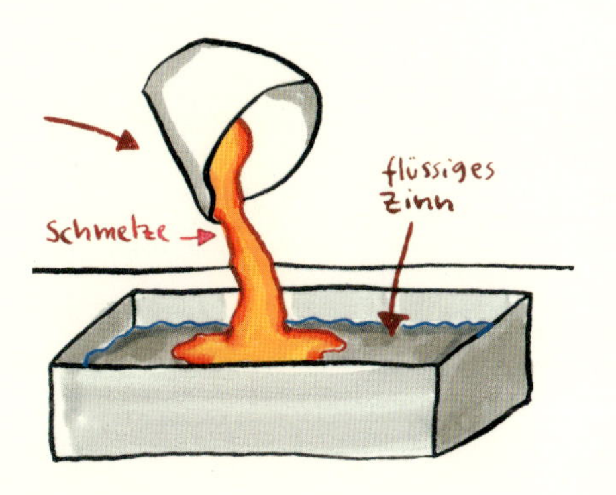

Dass das bei zwei Flüssigkeiten funktioniert, könnt ihr zu Hause ausprobieren. Schüttet Wasser und Öl in ein leeres Marmeladenglas. Das Öl vermischt sich nicht mit dem Wasser und schwimmt oben. Selbst wenn ihr den Deckel auf das Glas schraubt und schüttelt, mischen sich die Flüssigkeiten nur kurz. Kaum steht das Gefäß ruhig, trennen sich Öl und Wasser wieder. Genauso verhalten sich auch flüssiges Zinn und flüssiges Glas.

Das ist sehr praktisch, denn da die Oberflächen von Flüssigkeiten immer ganz gerade sind, also keine Berge und Täler haben, entsteht automatisch eine ganz ebene

Glasplatte. Wenn sich alles gleichmäßig verteilt hat, wird die ganze Suppe langsam abgekühlt. Beträgt die Temperatur des Glases ungefähr 600 °C, wird es hart und kann vom flüssigen Zinn abgehoben werden. Die Glasscheibe ist fertig, muss aber noch ganz langsam abgekühlt werden, damit sie nicht reißt. Zum Schluss wird die große Glasplatte noch gewaschen und auf die passende Größe zurechtgeschnitten.

Die neue Fensterscheibe ist fertig. Aber bei unseren Recherchen haben wir noch etwas Spannendes herausgefunden, das wir euch nicht vorenthalten wollen. Die Lösung zur Frage, warum alte Kirchenfenster manchmal oben dünner und unten dicker sind. Jetzt kommt eine überraschende Erklärung: Glas ist zwar hart, aber dennoch eine Flüssigkeit. Und zwar eine eingefrorene, unterkühlte Schmelze. Die Glasschmelze kühlt nämlich so schnell ab, dass sich keine Kristalle bilden können. Eingefroren bedeutet, dass das Glas hart ist, aber eben nicht fest. Deshalb kann sich über sehr viele Jahre hinweg auch ein Glasfenster verändern, indem etwas von dem Glas nach unten sackt.

Warum sind die Muscheln, die man am Strand findet, leer?

Fast alle Muscheln, die ihr am Strand findet, sind leer und ohne Körper. Sie sind tot. Was ihr findet, sind nur noch ihre Schutzhüllen, die beiden Schalenhälften. Der Rest, eben der weiche Körper, die inneren Organe und ihr Fuß, mit dem sich die Muscheln fortbewegen können, wurde **gefressen.**

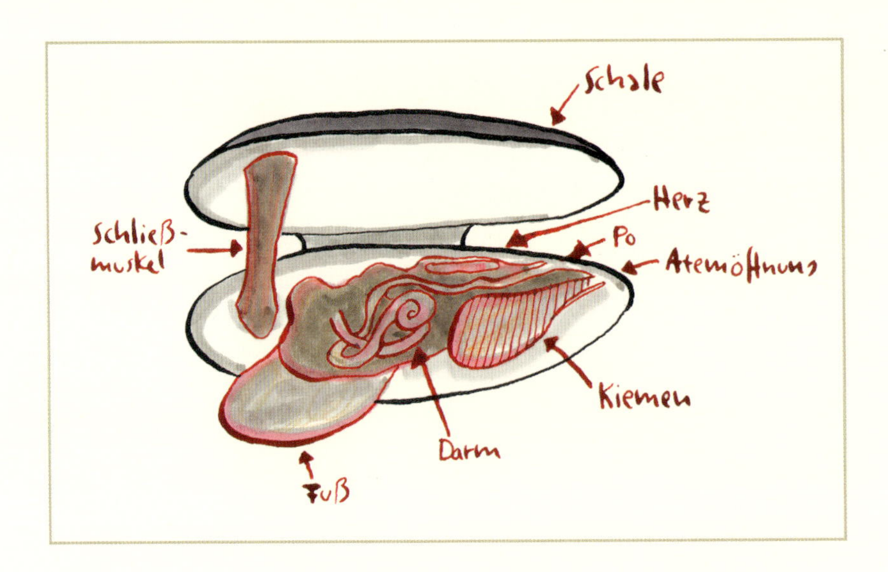

Die Muscheln haben viele Feinde. Von wem sie gefressen wurden, kann man manchmal sogar noch an den leeren **Schalenhälften** erkennen. Viele Schalen haben, wenn man sie genau anguckt, ein kleines Loch. Das hat ein **Bohrwurm** oder eine **Bohrschnecke** hineingebohrt.

Gucken wir uns mal an, wie die Bohrschnecke weiter arbeitet: Ist das Loch erst einmal in der Schale, dann zerstört sie als Nächstes den Schließmuskel der Muschel. Die Muschel kann sich dann nicht mehr verschließen und ist offen. Damit ist ihr hartes Schutzschild, das die weichen Innereien schützt, weg. Die Schnecke kann nun in Ruhe die Muschel fressen. An der Schale hat sie kein Interesse, die ist ihr zu hart. Die leeren Schalen haben keinen Halt mehr am Riff oder im Schlick. Sie werden deshalb von der Strömung des Meeres mitgenommen und irgendwann auch an den Strand gespült.

Wenn ihr Muscheln findet, die kein Loch in der Schale haben, dann könnte sie auch ein **Seestern** gefressen haben. In der Nordsee ist er der größter Feind der Muscheln. Er benutzt eine andere Technik, um an das weiche Innere der Muscheln zu gelangen. Der Seestern setzt sich auf die Muschel und saugt sich mit seinen Saugfüßen an der Schale fest. Er zieht so lange an der geschlossenen Schale, bis die Muschel so entkräftet ist, dass ihr Schließmuskel sie nicht mehr geschlossen halten kann. Ist die Muschel erst einmal geöffnet, dann stülpt der Seestern seinen Magen in sie hinein und verdaut sie dort. Wenn er fertig ist, stülpt er den Magen wieder zurück. Auch hier bleibt als Rest wieder nur die leere Hülle der Muschel, ihre beiden Schalenhälften. Findet ihr diese Schalen, dann ist daran keine Kratzspur, kein Loch oder irgendeine andere Beschädigung zu finden.

Obwohl sie eigentlich unter Wasser leben, haben Muscheln auch außerhalb des Wassers Feinde. Bei Ebbe werden ganze Muschelbänke freigelegt. Ein gefundenes Fressen für **Austernfischer.** Das sind Vögel, und ihre Leib- und Magenspeise sind natürlich Austern und andere Muscheln. Diese Vögel haben einen zum Muschelöffnen geeigneten Schnabel. Der sieht wie ein Meißel aus. Damit hebeln sie sehr geschickt den weichen Muschelkörper aus den Schalen. Die Vögel fressen nur das weiche Innere heraus und lassen den Rest liegen.

Auch **Fische** lieben Muscheln. Der Seewolf zum Beispiel kann Muscheln knacken. Davon werdet ihr aber nur selten Reste am Strand finden, denn dieser Fisch geht recht grob vor. Von den Muscheln bleiben dabei keine ganzen Schalenhälften übrig. Man findet also höchstens Schalenreste.

Es gibt sogar **Säugetiere,** die Muscheln lieben. Der Waschbär zum Beispiel. Er ist aber nur selten an der Küste zu finden und sucht seine Muscheln vor allem in Flüssen. Auf die Reste seiner Mahlzeit stößt man aber so gut wie nie.

Ganz selten findet man am Strand noch geschlossen erscheinende Muscheln. Das heißt, Muscheln mit Innereien. Es sind Muscheln, die zum Beispiel durch eine **Infektion** geschwächt sind. Das bedeutet, diese Muscheln sind krank. Sie können sich deshalb nicht mehr festhalten und werden an den Strand gespült. Diese Muscheln stinken und kein Tier würde sie fressen. Die Gefahr, krank zu werden, ist zu groß.

Wenn ihr also Muscheln für eine Kette sammelt, dann lasst die geschlossenen Muscheln besser liegen. Das ist nicht nur gesünder, sondern auch angenehmer. Wer will schon eine stinkende Kette um den Hals tragen?

Diese Frage wurde von einem Jungen namens Julian aus Essen gestellt. Sie könnte aber ebenso gut von Lisa, Lennart oder Christof kommen. Und deshalb ist die Antwort für alle interessant. Bevor wir aber damit rausrücken, machen wir es noch ein bisschen spannend.

Also, vom heiligen Martin, der vielen Menschen in Not geholfen hat, hat das Martinshorn seinen Namen nicht. Es hätte aber gut sein können, schließlich helfen Feuerwehr, Notarzt und Polizei auch Menschen in Notfällen. Dennoch: Fehlanzeige!

Ein bisschen näher kommt man der Sache, wenn man einmal nachschaut, wer das Martinshorn erfunden hat. Das war **Fritz Christian Günther.** Der arbeitete in einer Fabrik, die verschiedene Hörner, Trompeten und Hupen herstellte. Und 1932 entwickelte er zusammen mit Feuerwehr und Polizei ein elektrisches Horn, das an die Autobatterie angeschlossen wurde und abwechselnd zwei Töne der Tonleiter als Warnsignal machte: Das a′ und das d′. Natürlich richtig laut, damit man es auch hören konnte. Nur Sondereinsatzfahrzeuge, also zum Beispiel Feuerwehr, Notarzt und Polizei durften das Horn benutzen. Dafür wurde 1932 ein eigenes Gesetz geschrieben. Das gilt bis heute.

Jetzt denkt ihr wahrscheinlich, dass damit immer noch nicht beantwortet ist, woher der Name kommt. Stimmt. Aber wir sind der Sache schon ganz nah. Denn Fritz Christian Günther, der Erfinder des Martinshorns, war der Schwiegersohn des Fabrikbesitzers. Er hatte also die Tochter seines Chefs geheiratet. Und jetzt ist die Antwort wirklich schon fast greifbar, denn der Chef, der hieß Max B. Martin. Seine Firma trug denselben Namen und auch die neu entwickelten Hörner erhielten den Nachnamen des Besitzers: »Martin-Horn«. Ihr lest richtig, am Anfang fehlte tatsächlich das »s« zwischen »Martin« und »Horn«. Das hat sich erst im Laufe der Jahre dazwischengemogelt.

Deshalb heißt es also heute Martinshorn und nicht Julians- oder Petershorn.

Um diese Frage zu beantworten, könnt ihr es erst einmal so richtig krachen lassen. Bei einem Experiment. Ihr braucht dazu:

1. ein Radio, einen Kassettenrekorder oder CD-Player
2. eine Schüssel
3. Plastikfolie
4. Klebeband und
5. Sand.

Spannt die Plastikfolie möglichst stramm über die Schüssel und klebt sie fest. Streut dann etwas Sand auf die Folie und stellt die Schüssel vor die Lautsprecher des

Radios, Kassettenrekorders oder CD-Players.
Und jetzt könnt ihr
es krachen lassen.
Musik ab und zwar
richtig laut!

Dieser Versuch hört sich nicht nur gut an, sondern ist auch noch praktisch. Denn er macht sichtbar, warum wir Musik hören. Die Sandkörner auf der Folie beginnen nämlich zu springen, sobald ihr die Musik laut genug aufgedreht habt. Ihr seht jetzt zwar nicht die Musik, aber ihr seht, was sie bewegt: die Luft.

Musik sind **Schallwellen,** die aus dem Lautsprecher des Radios kommen. Schallwellen kann man natürlich auch selbst beim Singen erzeugen, mit den Stimmbändern. Aber egal wie sie entstehen: Schallwellen sind bewegte Luft. So wie Wellen im Meer bewegtes Wasser sind. Diese Schallwellen wandern – wie eine Welle im Meer – vorwärts. Vom Radio zum Beispiel bis zu euren Ohren. Auf dem Weg steht nun die Schüssel mit dem Sand. Die bewegte Luft, die Schallwellen also, können Dinge zum Schwingen bringen, die Folie zum Beispiel. Wenn die Folie schwingt, dann springen die Sandkörner.

Sie tun das im Takt der Musik, nicht weil Sand Rhythmusgefühl hat, sondern weil die Wellen die Folie im Takt anstoßen.

Die Schallwellen lassen aber nicht nur die Folie schwingen, sondern auch das Trommelfell in unserem **Ohr.** Das ist eine dünne Haut, die in unserem Ohr gespannt ist. Über kleine Knochen wird dieses Trommelfellschwingen an Nerven weitergeleitet und die schicken die Informationen an das Gehirn. Das erkennt: »Ah, ein Ton, Musik, und auch noch krachend laut.« Weil die Schallwellen in unserem Ohr umgewandelt werden, hören wir Musik.

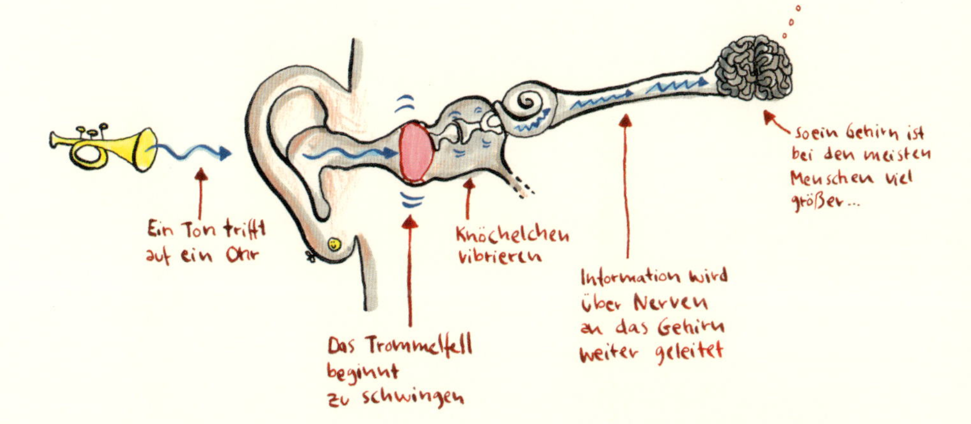

Zum Sehen brauchen wir ein anderes Sinnesorgan: die **Augen.** Sie funktionieren anders als das Ohr. Wie, das könnt ihr in einem dunklen Raum oder im Keller ausprobieren. Schaltet ihr das Licht an, seht ihr alles, was im Raum so herumsteht, zum Beispiel den Rasenmäher, Umzugskartons und euer altes Fahrrad. Licht aus und ihr seht nichts. Das Auge sieht also immer dann Dinge, wenn Licht auf sie fällt und in das Auge zurückgeworfen wird. Es kann Lichtwellen wahrnehmen und an das Gehirn weiterleiten. Lichtwellen sind andere Wellen als Schallwellen. Im Auge ist ein »Übersetzer« für Lichtwellen, aber keiner für Schallwellen eingebaut. Deshalb kann man Musik hören, aber nicht sehen.

Was ihr bei dem Versuch sehen konntet, waren die Auswirkungen der Schallwellen, das Vibrieren der Folie. Steckt ihr euch Ohrstöpsel in die Ohren, dann könnt ihr das Vibrieren immer noch sehen, aber die Musik kommt nicht mehr bei euch an. Schallwellen sehen bedeutet also nicht, dass man Musik sehen kann. Man braucht die Ohren zum hören.

Dass man Musik nicht sehen kann, liegt daran, dass unser Auge anders aufgebaut ist als das Ohr. Und das macht auch Sinn. Wir haben nämlich insgesamt fünf Sinne: Hören, Sehen, Tasten, Schmecken und Riechen. Würde jeder Sinn immer alles wahrnehmen (Musik könnte man dann hören, sehen, tasten, schmecken und riechen), dann wäre unser Gehirn völlig mit Informationen überlastet. Es gäbe wahrscheinlich ein heilloses Durcheinander im Kopf, weil alle Informationen doppelt und dreifach ankämen. Es macht also Sinn, manche Dinge nur zu hören, andere nur zu schmecken und so weiter.

Jeder Sinn ist immer für einen Ausschnitt, einen Teil der Wahrnehmung, da. Wir hören Musik, sehen, dass die Schallwellen die Folie vibrieren lassen, und können das Vibrieren auch fühlen. Wenn man zum Beispiel die Hand auf ein Klavier legt, fühlt man die Schwingungen, die von den Schallwellen auf das Holz übertragen wurden. Es schwingt mit. Riechen und schmecken kann man Musik nicht. Aber da wir sie nicht in den Mund nehmen, ist das für den Körper auch nicht so wichtig.

Aber wie das immer so ist: keine Regel ohne Ausnahme. Es gibt nämlich auch einige Menschen, die Musik sehen können. Sie heißen Synästhetiker. Wird eines ihrer Sinnesorgane gereizt, zum Beispiel das Ohr durch die Schallwellen der Musik, dann nehmen sie diese Reize auch als Reize anderer Sinnesorgane wahr, zum Beispiel der des Auges. Die Töne der Musik hören Synästhetiker nicht nur. Sie sehen die Musik gleichzeitig als Farben oder Formen. Den meisten Menschen bleibt diese »Sichtweise« verborgen. Sie können Musik nur hören.

Apropos hören: Ihr könnt das Radio jetzt wieder leise stellen. Das Problem ist gelöst und die Nachbarn klingeln schon.

Wie wird Papier hergestellt?

Mit einem Berg von **Baumstämmen** – damit beginnt die Herstellung eines Papiertaschentuches oder auch eines Schulheftes.

Die Baumstämme werden von einem Kran auf ein Förderband gehoben und zu einer riesigen Trommel transportiert. Die Trommel könnt ihr euch wie die Trommel in einer Waschmaschine vorstellen, nur viel größer.

Sie ist so groß, dass ganz viele Baumstämme gleichzeitig reinpassen.

Die Trommel dreht sich und dadurch rotieren auch die Baumstämme mit. Sie reiben dabei aneinander und schrubben sich so gegenseitig die Rinde ab.

Nackt geht es dann weiter zur nächsten Maschine, dem Häcksler. Im Häcksler sind riesige Messer und die machen aus dem Baumstamm Kleinholz. Aus dem ganzen Stamm sind im Häcksler kleine **Holzschnitzel** geworden.

Ein Förderband transportiert sie zu einem riesigen Kocher. Den kann man sich vorstellen wie einen **Dampfkochtopf.** Er ist so hoch wie mehrere Stockwerke eines Hauses. In dem Riesenkochtopf werden die Holz-

schnitzel bei großer Hitze weich gekocht. Dafür reicht Wasser allein aber nicht aus. Man braucht dazu etwas Schärferes: **Schwefelsäure.** Und ganz viel Druck, der die Säure in alle Ritzen des Holzes presst. Holz ist nämlich gar nicht so einfach weich zu kochen. Es besteht aus länglichen **Fasern** und einem braunen Klebstoff, der die Fasern zusammenhält. Der Klebstoff heißt **Lignin.** Er macht das Holz fest. Die Säure löst den Kleber aus dem Holz. Die Fasern werden nicht mehr zusammengehalten und liegen nun biegsam und lose durcheinander.

Aus den Holzschnitzeln ist nach dem Kochen ein **Holzbrei** geworden. Das Lignin muss nun aus dem Brei herausgewaschen werden, denn schließlich sollen die Fasern nicht wieder verkleben. Aber auch nach der großen Wäsche sieht der Brei immer noch schmuddelig gelb-braun aus. Wäre das die Farbe eines Taschentuches, würde sich keiner damit die Nase putzen. Deshalb wird der Brei als Nächstes entfärbt. Das nennt man bleichen und danach ist er taschentuchweiß. (Es gibt natürlich auch Papier, das nicht gebleicht wird – das heißt dann Altpapier.)
Zum weißen Faserbrei kommen **Kreide** und **Wasser** hinzu. Er ist jetzt sehr dünnflüssig. In diesem Zustand kommt er zur größten Maschine. Sie heißt Papiermaschine und ist ungefähr 200 Meter lang und zehn Meter breit.

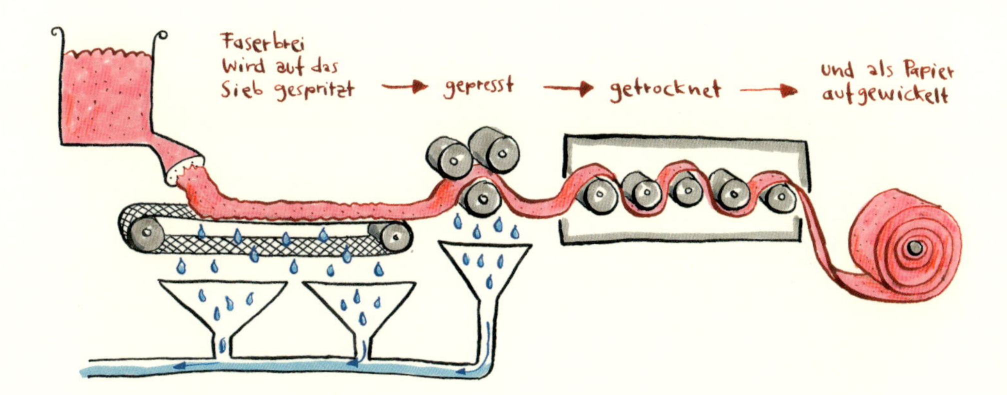

Durch feine Düsen wird der dünnflüssige Faserbrei auf ein großes, sehr feines **Sieb** gespritzt. Ein Teil des Wassers fließt durch das Sieb. Die Fasern bleiben oben auf dem Sieb liegen. Was auf dem Sieb liegt, ist im Prinzip schon das Papier, aber leider ist es noch viel zu nass. Deshalb wird es weitertransportiert, ein zweites Sieb kommt von oben auf das Papier und zwischen schweren Rollen wird das überschüssige Wasser heraus**gepresst.** So als würde man mit einem dicken Nudelholz ganz fest drücken. Jetzt ist das Papier schon viel trockener, aber immer noch feucht. Deshalb geht es in der Papiermaschine als Nächstes zum **Trocknen** in 480 °C heißer Luft. Das kann man sich so vorstellen, als würde das feuchte Papier ganz am Schluss noch trockengebügelt.

Das Papier ist am Ende der Papiermaschine tatsächlich fertig, aber leider noch etwas unhandlich. Aus der Maschine kommt nämlich eine Papierbahn, die fast neun Meter breit und endlos lang ist. Sie wird deshalb erst einmal auf breite Rollen aufgerollt und abgeschnitten.

In der nächsten Maschine schneiden rotierende Messer die breite Papierbahn erst längs in schmalere Streifen. Danach wird quer geschnitten, sodass Papierbögen entstehen. Damit ist das Papier wirklich fertig.

Warum leuchten die Sterne?

Längst nicht alles, was am Himmel leuchtet, sind Sterne. Außer Flugzeugscheinwerfern, die man nachts auch leuchten sehen kann, gibt es drei Arten von leuchtenden »Punkten«:

1. Planeten
2. Fixsterne und
3. Galaxien.

Planeten, zum Beispiel Mars und Venus, kann man zwar am Nachthimmel leuchten sehen, sie sind aber trotzdem keine richtigen Sterne. Denn Planeten erzeugen kein eigenes Licht, das heißt, sie leuchten nicht selbst. Sie werden von der Sonne angestrahlt und werfen ihr Licht zurück.

Mit den **Fixsternen** ist das ganz anders. Sie produzieren ihr eigenes Licht. Die Fixsterne sind – wie unsere Sonne – riesige Feuerbälle im Weltall. Was wir nachts leuchten sehen, ist unvorstellbar heißes Gas. Die meisten Fixsterne sind sogar noch viel größer und heißer als unsere Sonne. Sie ist im Verhältnis zu ihnen nur ein kleines Licht. Dass wir die anderen Sterne nur als kleine Lichtpunkte sehen, liegt daran, dass sie ganz weit weg sind. Der nächste Stern ist über 270 000-mal weiter weg als unsere Sonne. Die meisten Sterne sind Milliarden von Kilometern entfernt.

Je weiter etwas entfernt ist, desto kleiner erscheint es. Ein Baum, aus der Nähe betrachtet, ist groß. In einiger Entfernung sieht er aber nur noch wie ein kleiner Ball aus, und geht man noch weiter weg, erkennt man nur noch einen Punkt. Genauso wenig bleibt für unser Auge von den riesigen, brennenden Fixsternen im Weltall übrig: kleine leuchtende Punkte.

Fixsterne haben ihren Namen übrigens daher, dass sie aus unserer Sicht immer fest an einer Stelle bleiben.

Genau genommen bewegen sie sich zwar auch, aber nur sehr langsam. Die Planeten dagegen kreisen wie die Erde um die Sonne. Sie stehen deshalb immer wieder an anderen Stellen des Himmels und sind manchmal auch gar nicht zu sehen.

Noch etwas leuchtet wie ein einzelner Stern und ist doch viel mehr: weit entfernte Galaxien. Sie bestehen aus ganz vielen selbst leuchtenden Sternen. Unsere Galaxie ist die Milchstraße. Man sieht sie von der Erde aus als weißes Band. Es gibt aber auch Galaxien, die so weit entfernt sind, dass man das Licht der einzelnen Sterne gar nicht mehr erkennen kann. Wir sehen dann den ganzen Sternenhaufen einer Galaxie als einen leuchtenden Punkt. Eine Galaxie kann also wie ein Stern aussehen. In Wirklichkeit handelt es sich dabei aber um ganz viele Sterne.

Milchstraße

Unser herzlicher Dank gilt folgenden Wissenschaftlern, die uns bei der Beantwortung der Fragen unterstützt haben:

Dr. Stephan Anhalt
Dr. Hubert Bosch
Prof. Dr. Gerhard Breves
Frank Brockmann
Katja Engelhardt
Prof. Dr. Christian Feest
Achim Feldmeier
Benno Fonrobert
Prof. Dr. Bernhard Horsthemke
Prof. Dr. Ruprecht Jaenicke
Manuela Kalupke
Werner Kreuz
Dr. Stefan Loksa
Prof. Dr. Tom McCann
Rainer Mohr
Karsten Muuss
Carolin Nase
Dr. Gustav Peters
Dr. Ina Prinz
Romy Robst
Dr. Wolfgang Send
Carolin Stock
Prof. Dr. Joachim Wambsganss
Lutz Winhuisen

Bildnachweis:

AKG-images, Berlin: 145 u; *Arteria Photography, Kassel:* 107 (n.n.); *Astrofoto, Soehr:* 207 (Bernd Koch); *Corbis, Düsseldorf:* 172 (B. Bird/zefa), 173 (Niall Benvie), 204 u (Brownie Harris); *Das Fotoarchiv, Essen:* 204 o (Andreas Buck); *Getty Images, München:* 96 (Dr. Dennis Kunkel); *Interfoto, München:* 10 (Paul Genson), 65 u (Fritz Breig) 144 o, 145 o, 146 o (Karger-Decker), 144 u (Zeit-Bild), 146 u (Rauch); *Mauritius Images, Mittenwald:* 45 (Phototake); *Panthermedia, München (lizenzfrei):* 58, 61 (Marpes), 59 (Turi,), 60 (Hofkay); *Photoactive, Oberschleißheim bei München:* 119 (n.n.); *Photodisc (lizenzfrei):* 83 (n.n.); *Picture Alliance, Frankfurt:* 65 o (Lehtikuva Sixten Johannsson/dpa-Report); *Südwest Verlag, München:* 94, 95 o, 95 u (Frank Heuer); *Superbild, Unterhaching bei München:* 171 (Fleer); *Bildagentur Waldhäusl, A-Rosenau:* 129, 143, 156, 201 (n.n.)